Marc Mayoussier

Citations philosophiques expliquées

Dans la collection Eyrolles Pratique :

- *Petite histoire de l'Inde,* Alexandre Astier
- *Comprendre l'hindouisme,* Alexandre Astier
- *Communiquer en arabe maghrébin*, Yasmina Bassaïne et Dimitri Kijek
- *QCM de culture générale*, Pierre Biélande
- *Le christianisme*, Claude-Henry du Bord
- *La philosophie tout simplement*, Claude-Henry du Bord
- *Comprendre la physique*, Frédéric Borel
- *Marx et le marxisme*, Jean-Yves Calvez
- *L'histoire de France tout simplement*, Michelle Fayet
- *Citations de culture générale expliquées*, Jean-François Guédon et Hélène Sorez
- *QCM Histoire de France*, Nathan Grigorieff
- *Citations latines expliquées*, Nathan Grigorieff
- *Philo de base*, Vladimir Grigorieff
- *Religions du monde entier*, Vladimir Grigorieff
- *Les philosophies orientales*, Vladimir Grigorieff
- *Les mythologies tout simplement*, Sabine Jourdain
- *Découvrir la psychanalyse*, Edith Lecourt
- *Comprendre l'islam*, Quentin Ludwig
- *Comprendre le judaïsme*, Quentin Ludwig
- *Comprendre la kabbale*, Quentin Ludwig
- *Le bouddhisme*, Quentin Ludwig
- *Les religions*, Quentin Ludwig
- *La littérature française tout simplement*, Nicole Masson
- *Dictionnaire des symboles*, Miguel Mennig
- *Histoire du Moyen Age*, Madeleine Michaux
- *Les mots-clés de la géographie*, Madeleine Michaux
- *Histoire de la Renaissance*, Marie-Anne Michaux
- *Découvrir la franc-maçonnerie*, Alain Quéruel
- *Citations philosophiques expliquées,* Florence Perrin et Alexis Rosenbaum
- *L'Europe*, Tania Régin
- *Citations historiques expliquées*, Jean-Paul Roig
- *Histoire du XXème siècle*, Dominique Sarciaux
- *QCM Histoire de l'art*, David Thomisse
- *Comprendre le protestantisme*, Geoffroy de Turckheim
- *Petite histoire de la Chine*, Xavier Walter

Florence Perrin
Alexis Rosenbaum

Citations philosophiques expliquées

Deuxième tirage 2008

EYROLLES

Éditions Eyrolles
61, Bd Saint-Germain
75240 Paris Cedex 05
www.editions-eyrolles.com

Mise en pages : FG Compo

ISBN 978-2-212-53825-0

Sommaire

Avant-propos

Tout philosophe, remarquait Maurice Merleau-Ponty, songe à une parole qui les terminerait toutes. Cet espoir est remarquablement illustré par certains aphorismes, si concis et si riches qu'ils semblent condenser une infinité de significations, d'images et d'expériences en une unité minimale d'espace et de temps. Quel sentiment d'admiration et de délectation devant le constat qu'une simple phrase nous hisse soudain à l'universel, à l'intemporel, en paraissant capturer l'« essentiel » – toutes ces choses que nous aurions aimé dire, mais que nous n'aurions jamais réussi à exprimer ainsi...

La tradition philosophique, en particulier, n'est pas avare de formules fulgurantes et profondes. Forte de deux millénaires et demi d'histoire, elle nous a légué un extraordinaire patrimoine d'œuvres sur lequel notre culture a prélevé des fragments et locutions devenus célèbres. Ces « citations philosophiques », toutes plus ou moins lapidaires et énigmatiques, font souvent partie de nos vies. Mais, à vrai dire, la célébrité d'une formule ne garantit pas sa compréhension ; à l'inverse, elle aurait plutôt tendance à faire écran entre sa signification et nous-même. Répétant et échangeant les mots comme de vieilles pièces de monnaie usagées, nous avons souvent oublié ce que ces mémorables sentences signifiaient réellement. Notre expérience d'enseignants nous l'a d'ailleurs sans cesse confirmé : le sens qui leur est spontanément prêté est rarement fidèle à leur véritable intention. C'est donc l'objet de cet ouvrage que de proposer une sélection de grandes citations philosophiques, afin de restituer leur sens et leur portée. Regroupées selon les principaux thèmes philosophiques, le lecteur y retrouvera la plupart des auteurs classiques. Expliquées dans un langage concret et accessible, elles conservent bel et bien, comme on pourra le constater, toute leur vigueur et leur actualité.

Chaque explication est en outre complétée par une citation de « contrepoint », destinée à prolonger la réflexion. Il s'agit tantôt d'une reformulation stimulante, qu'elle soit proprement philosophique ou de nature plus « littéraire », tantôt d'une piste de critique susceptible d'être féconde. Que le lecteur ne s'inquiète donc pas s'il trouve parfois la citation d'un philosophe suivie d'une citation « opposée »... attribuée à un penseur tout aussi éminent. Car le contraire d'une phrase vraie est certes une phrase fausse, mais, comme le remarqua un jour Niels Bohr, les vérités profondes sont reconnaissables au fait que leur contraire est également une vérité profonde.

Première partie

Le sujet

Chapitre 1

La conscience et l'inconscient

« L'homme n'est qu'un roseau, le plus faible de la nature ; mais c'est un roseau pensant. »

Blaise Pascal (1623-1662), Pensées [1]

Qu'y a-t-il de plus misérable qu'un homme ? Éphémère locataire d'une planète perdue dans un canton de l'univers, son existence n'est qu'un bref hoquet entre la naissance et la mort. Ses forces sont dérisoires : un choc mal placé, une simple vapeur de poison, suffisent à le tuer. Même la raison qui fait sa fierté ne saurait le sauver : il ne sait ni d'où il vient ni où il va, et tombe d'incertitudes en erreurs, sans point fixe pour le soutenir.

Pourtant, n'est-ce pas cette clairvoyance, cette conscience d'être misérable, qui le hisse d'emblée au-dessus du reste de la Création ? Car, quand bien même « *l'univers l'écraserait*, remarque Pascal, *l'homme serait encore plus noble que ce qui le tue, parce qu'il sait qu'il meurt, et l'avantage que l'univers a sur lui, l'univers n'en sait rien* ». La conscience inverse ainsi l'ordre des valeurs : parce qu'il est doué de pensée, l'homme est investi d'une grandeur paradoxale, née de la compréhension de sa propre petitesse.

Pourquoi chercher la dignité humaine dans une contradiction ? Le propos s'éclaircit si l'on se réfère à la religion chrétienne, dont Pascal fait l'apologie. La grandeur de l'homme lui vient de son origine divine, et sa misère du péché originel. Nous tourner vers la première serait source d'orgueil ; nous affliger du second serait motif de désespoir. Mais l'amour de Jésus-Christ, incarnation sublime de Dieu dans la misère humaine, permet de nous reconnaître et de nous vouloir semblables à Lui.

1. Garnier-Flammarion, texte établi par L. Brunschvicg, 1976, § 347, p. 149.

Deux siècles après Pascal, le philosophe allemand Friedrich Nietzsche se moquera lui aussi de l'orgueil humain. Mais en recherchant la grandeur de l'homme une fois écartées ses prétentions, il aboutira à une toute autre conclusion :

« Tu dis "moi" et tu es fier de ce mot. Mais ce qui est plus grand, c'est ce à quoi tu ne veux pas croire – ton corps et sa grande raison. »

« Je pense, donc je suis. »

René Descartes (1596-1650), Discours de la méthode [2]

La célébrité de la formule en occulte l'originalité car il ne va pas de soi de déduire son être de sa pensée. Comment la conscience peut-elle être la preuve de notre existence ?

L'ambition cartésienne est d'obtenir une vérité indubitable. Or, la matérialité du monde extérieur, que nous tenons pour évidente, n'est pas si certaine que cela, comme en témoignent nos illusions d'optique, ou encore l'expérience courante du rêve, dont l'impression de réalité est très convaincante. De même, la familiarité entretenue avec notre corps, si elle semble être un témoignage plus concret de notre être, ne résiste pas à un examen attentif, ainsi que l'illustrent les témoignages d'amputés qui éprouvent des sensations de leur membre « fantôme ». Par conséquent, le monde, pas plus que le corps, n'offre de vérité certaine.

En revanche, si je peux douter de tout, le fait même de douter, donc de penser, est une réalité indiscutable. Le contenu de ma pensée, ce que j'imagine, mémorise ou calcule, peut s'avérer faux ou illusoire ; cela ne remet pourtant pas en cause la présence de ma pensée qui demeure

2. Garnier-Flammarion, 1966, Quatrième partie, p. 61.

hors de doute. Quand bien même j'affirmerais que je ne suis pas, je ne cesserais pas d'être pour autant. Voilà pourquoi si je pense (*cogito*), alors je suis (*ergo sum*), c'est-à-dire j'existe, au moins en tant que conscience. Avec Descartes, l'expérience de la pensée fonde en ce sens la première des vérités, même si celle-ci reste paradoxalement la plus difficile à saisir... peut-être parce qu'elle nous est si intime que nous ne la percevons même plus.

> *« Donc je suis » ? Ne pas confondre pour autant la certitude de mon existence avec la valeur de ma personne. « Être » est une chose, exister comme subjectivité authentique en est une autre. D'où le constat plutôt amer du philosophe danois Søren Kierkegaard :*
>
> *« La majorité des hommes sont des "Je" abrégés ; ce que la nature avait prévu pour être taillé en Je est bientôt émoussé en un simple sujet à la troisième personne. »*

« Montrer au moi qu'il n'est seulement pas maître dans sa propre maison. »

Sigmund Freud (1856-1939), L'Inquiétante Étrangeté et autres essais [3]

Freud n'a pas découvert l'inconscient. À la fin du XIXe siècle, il était déjà établi que certains événements mentaux se déroulent hors du champ de notre conscience. Mais en fondant la psychanalyse, Freud a fait de l'inconscient le moteur de notre vie psychique.

Ses observations cliniques le conduisent en effet à supposer un bouillonnement intérieur de pulsions, d'images et de peurs dont l'introspection ne saisit que des bribes éparses. L'origine de cette vie psychique demeure obscure, car la conscience n'est qu'une zone à la

3. Gallimard, 1985, « Une difficulté de la psychanalyse », p. 186.

surface de l'esprit, telle la partie émergée d'un iceberg (dont la partie immergée serait l'inconscient). Ainsi, la vraie signification de nos émotions et conduites est rarement celle que nous leur donnons spontanément. Sais-je seulement pourquoi j'ai rêvé d'elle, pourquoi je déteste les foules, pourquoi j'apprécie que les choses soient disposées symétriquement, pourquoi je perds régulièrement un certain objet... ?

L'invention de la psychanalyse fut un ébranlement philosophique, non seulement parce qu'elle démontra l'importance des désirs sexuels dans la construction de l'identité, mais surtout parce qu'elle infligea à l'homme une immense vexation. À la suite de Copernic, qui montra aux hommes que la terre, loin d'être au centre du monde, était un petit satellite au fin fond de l'univers ; après Darwin, qui leur apprit qu'ils ne constituaient nullement le sommet de la Création, mais une simple espèce animale dans le vaste processus de l'Évolution, Freud s'efforça de leur révéler qu'ils n'étaient pas même maîtres de leur propre esprit. Humiliation salutaire ?

> *Cette réduction de l'être humain à ses pulsions ne fut pas du goût de tous. On notera par exemple le mot du philosophe français Alain, contemporain de Freud :*
>
> *« Le freudisme, si fameux, est un art d'inventer en chaque homme un animal redoutable. »*

« Conscience ! Conscience ! Instinct divin, immortelle et céleste voix. »

Jean-Jacques Rousseau (1712-1778), Émile ou De l'Éducation [4]

L'historien ou l'ethnologue, observant la diversité des mœurs, en conclut que la morale est relative à la culture, dépendante de l'éducation et variable selon les époques. Mais le regard du philosophe tend à dépasser cette hétérogénéité. N'y a-t-il pas, au fond de toute évaluation morale, une conscience universelle du bien et du mal ?

Répondre à cette question exige, selon Rousseau, que nous consultions en priorité notre cœur, afin de garantir l'honnêteté de notre jugement. Le fond de notre âme abrite en effet un principe inné de justice et de vertu, auquel nous devons nous fier. Telle est la *conscience*, faculté que la nature a déposée en chacun, et qui surpasse par sa vérité instinctive toutes les recommandations de la société ou de la raison. C'est, par exemple, sa voix qui se fait entendre lorsque nous sommes convenables aux yeux d'autrui mais, au regard de notre âme, indignes. À condition de laisser cette faculté divine s'exprimer en nous et d'être à l'écoute de son infaillible jugement.

L'amour du bien et l'aversion du mal s'éprouvent donc avant de s'apprendre. Mais cette voix céleste qui nous exhorte à nous hisser au-delà de nous-mêmes est bien souvent étouffée par nos intérêts égoïstes… ou encore recouverte par notre éducation. C'est pourquoi, dans l'instruction d'*Émile*, Rousseau recommande contre toute attente que son jeune élève soit livré à lui-même, en espérant que sa nature sera pour lui un meilleur guide que les artifices de la civilisation.

4. Garnier-Flammarion, 1966, Livre IV, « La profession de foi du Vicaire savoyard », pp. 375-378.

En ce qui concerne la primauté de la conscience morale, on pourra tempérer l'optimisme de Rousseau par la remarque ironique de son contemporain Diderot :

« La voix de la conscience et de l'honneur est bien faible quand les boyaux crient. »

« Ce n'est pas la conscience qui détermine la vie, mais la vie qui détermine la conscience. »

Karl Marx (1818-1883) et Friedrich Engels (1820-1895),
L'Idéologie allemande [5]

Avant même d'être le révolutionnaire que nous connaissons, Marx fut un philosophe matérialiste, soucieux de rompre avec la tradition philosophique idéaliste de ses prédécesseurs. Celle-ci supposait en effet que les idées gouvernent le monde. Or, pouvons-nous espérer comprendre les mécanismes réels de l'Histoire si nous croyons en un tel pouvoir de l'esprit ?

Pour Marx et Engels, il faut partir non pas de ce que les hommes s'imaginent pour comprendre ce qu'ils sont, mais au contraire appréhender la vie sociale dans ce qu'elle a de plus concret pour ensuite évaluer les productions de l'esprit. *« À l'encontre de la philosophie allemande qui descend du ciel sur la terre, c'est de la terre au ciel que l'on monte ici. »* Car aux yeux de nos deux penseurs, la conscience des hommes n'est que le produit de leur vie matérielle, et en particulier des relations socio-économiques qui structurent leur existence.

Par exemple, déchiffrer la culture de la société romaine exige que l'on prenne en compte les rapports entre les maîtres et les esclaves aussi

5. Éditions sociales, 1982, p. 51.

bien que les techniques de production alors en vigueur. En effet, le système juridique, les valeurs esthétiques et morales de cette époque sont le reflet, et non la cause, du monde réel dans lequel les hommes évoluaient. La sphère des idées pas plus que la conscience n'a donc d'autonomie : comprendre une idée ou une mentalité, c'est d'abord évaluer les conditions de son existence dans une réalité vivante.

> *Pourquoi, dans une telle optique, certaines idées seraient-elles plus répandues ou mieux acceptées que d'autres ? La réponse de Marx n'étonnera guère :*
>
> *« Les idées dominantes d'une époque n'ont jamais été que les idées de la classe dominante. »*

« Cette particularité (...) qu'a la conscience d'être conscience de quelque chose. »

Edmund Husserl (1859-1938), Méditations cartésiennes [6]

Depuis Descartes, nous savons que la conscience de soi est la première des certitudes. Mais se prendre soi-même pour objet de réflexion, est-ce là l'essentiel de l'activité de l'esprit ? La conscience se résorbe-t-elle tout entière dans l'intimité de la pensée ?

Cette prééminence de la conscience de soi masque selon Husserl sa véritable nature et l'étendue de ses possibilités. La conscience, en effet, n'est pas une forteresse close sur elle-même. La scission supposée entre l'« intérieur » et l'« extérieur » de notre esprit est artificielle car le sujet et le monde se donnent toujours en même temps. L'extériorité des choses m'habite, dans la mesure où ma conscience est d'abord conscience de ce qui n'est pas elle. En ce sens, elle est nécessairement conscience

6. Vrin, 1992, Seconde méditation, § 14, p. 65.

de quelque chose : perception d'un objet, souvenir d'une image, désir d'un corps... Cette faculté de viser un autre que soi, Husserl la nomme « intentionnalité ».

Ainsi, le monde et les choses ne sont pas en moi comme dans une boîte, c'est, à l'inverse, ma conscience qui se déporte constamment vers eux. Par exemple, à tel moment de mon voyage, la vision d'un arbre au bord de la route m'entraîne hors de moi, de mon corps et de l'habitacle du véhicule, auprès de l'arbre. Et pendant que j'apprécie la beauté du paysage, ma conscience ne cesse d'être là-bas, par-delà elle-même, au plus près du monde et des choses.

> *Ce principe husserlien inaugura de nouvelles perspectives de recherche sur la conscience. En témoigne l'accueil enthousiaste que lui fit son premier traducteur français, le philosophe Emmanuel Lévinas :*
>
> *« L'idée d'intentionnalité apparut comme une libération. »*

« Le rêve est le gardien du sommeil. »

Sigmund Freud, La Science des rêves [7]

On associe souvent la psychanalyse à l'interprétation des rêves. Freud considérait il est vrai l'univers onirique comme un moyen de satisfaire nos désirs de façon indirecte, imaginaire. Ainsi n'a-t-il pas hésité à y reconnaître *« la voie royale de la connaissance de l'inconscient »*. Durant le sommeil, la censure exercée par les normes sociales intériorisées est levée. Les motivations profondes de l'esprit, telles les pulsions refou-

7. PUF, 1950, p. 205.

lées, peuvent alors s'exprimer librement et sans conséquences. Est-ce à dire que le sommeil nous défend de nos pensées les plus inavouables ?

C'est pourtant, aux yeux de Freud, le rêve qui protège le sommeil et non l'inverse. Car l'agitation de nos désirs menacerait plutôt de perturber notre repos. Le rêve, en proposant un scénario pour l'assouvissement du désir, offre à celui-ci un débouché fictif. Il protège donc le dormeur contre lui-même, c'est-à-dire contre son excitation intérieure.

Plus encore, le rêve oppose une résistance aux stimuli extérieurs qui menacent le sommeil. Cela se produit notamment lorsque nous réinterprétons spontanément un bruit pour l'inclure dans notre rêve en lui faisant jouer un rôle. Quand le réveil sonne, par exemple, le dormeur peut rêver qu'il assiste à une scène bruyante... pour continuer à dormir ! À condition, bien sûr, que cette perturbation extérieure ne soit pas trop forte, auquel cas le « gardien du sommeil » serait vaincu. Le rêve est, somme toute, moins subversif qu'on veut bien le croire : il administre nos nuits autant qu'il révèle les secrets de notre inconscient.

> *L'importance des enjeux sexuels dans l'interprétation psychanalytique des rêves fait finalement oublier quel était pour Freud le premier des désirs de la nuit :*
>
> *« Chaque rêve qui réussit est un accomplissement du désir de dormir. »*

Pour prolonger la réflexion...

Descartes R., *Méditations métaphysiques* I et II, Bordas, 1987.
Freud S., *Cinq leçons sur la psychanalyse*, Payot, 1966.
Sartre J.-P., *L'Existentialisme est un humanisme*, Nagel, 1992.
Sacks O., *L'Homme qui prenait sa femme pour un chapeau*, Seuil, 1995.
Stevenson R.L., *L'Étrange Cas du Dr Jekyll et de M. Hyde*, Garnier-Flammarion, 1999.

Chapitre 2

Le désir

« Le désir est l'essence même de l'homme. »

Baruch Spinoza (1632-1677), Éthique [1]

Adam et Ève, chassés du paradis pour avoir transgressé la loi divine, condamnent l'humanité à porter le poids du péché originel. Ils scellent la nature maudite du désir, mal aux mille facettes et aux sournoises tentations dont l'homme devrait se défier sous peine de perdre son âme. Or, n'est-ce pas là l'un des faux procès de notre culture ?

En écrivant que le désir constitue l'essence – autrement dit l'identité même – de l'homme, Spinoza replace celui-ci dans le cadre de la Nature. À l'instar de tout être vivant, l'être humain est doté d'un appétit de vie, d'une tendance à agir et à persévérer dans son existence. Fondamentalement, le désir est donc innocent, au-delà de tout jugement ou condamnation. Toutefois, ce qui est nommé « instinct » chez l'animal est désir pour l'homme, car celui-ci en est conscient et le déploie sur un registre plus large que la sommaire reproduction ou la survie : désir de création artistique, amour ou bienveillance envers autrui... En somme, prétendre renoncer au désir reviendrait pour l'homme, non seulement à nier sa propre nature, mais aussi à se priver de l'énergie qui seule peut alimenter sa joie.

Pour autant, Spinoza ne légitime pas toute envie ou caprice, et n'invite pas à la jouissance frénétique des divertissements comme nous y incite notre société de consommation. La revalorisation du désir s'inscrit dans la perspective d'une *Éthique* dont l'enjeu est d'apprendre à connaître et maîtriser cette vitalité en vue d'une existence bienheureuse, c'est-à-dire moralement accomplie.

1. PUF, 1990, Partie III, Définition des affects 1, p. 206.

Si le désir est notre raison d'être, le bonheur pourrait consister à atteindre la satiété. À moins qu'il ne réside, comme l'indique le philosophe anglais Thomas Hobbes, plus dans la chasse que dans la prise :

« La félicité est une continuelle marche en avant du désir, d'un objet à un autre, la saisie du premier n'étant que la route qui mène au second. »

« Changer mes désirs plutôt que l'ordre du monde. »

René Descartes, Discours de la méthode [2]

L'enfant au centre de l'attention parentale grandit avec l'illusion que ses moindres caprices peuvent être satisfaits. L'adolescent conteste furieusement toute entrave à la réalisation de ses rêves. Mais tous deux ne manqueront pas d'être exposés à l'amertume de la déception.

Averti de ce danger et inspiré par le stoïcien Épictète, auquel il emprunte cette formule, Descartes préconise la retenue : plutôt que de s'atteler à la tâche impossible de réformer la réalité, n'est-il pas plus sage de modérer nos désirs ? Car n'est-il pas déraisonnable d'espérer un monde adapté à nos vœux ? Mieux vaut s'épargner les désillusions de désirs insensés et s'accommoder d'un monde qui, s'il n'est pas à la hauteur de nos aspirations, n'en procure pas moins des joies simples et accessibles.

Une telle maxime peut révulser les révolutionnaires qui veulent changer l'ordre des choses, ou agacer les publicitaires qui nous vendent le fantasme d'une société où tous les désirs seraient assouvis... à crédit. Mais c'est sans doute parce qu'ils confondent hâtivement modestie et médiocrité, en jugeant que la prudence est le paravent de l'impuissant.

2. Garnier-Flammarion, 1966, Troisième partie, p. 53.

Il y a parfois plus d'ambition dans la tempérance que dans la soumission à la tyrannie de nos désirs. Et plus de puissance dans la lucidité que dans la mélancolique rêverie, refuge de ceux qui ne peuvent se résoudre à accepter que le monde n'est pas au service de leurs appétits.

> *Le pouvoir de satisfaire de nombreux désirs, dit-on, aiguise des appétits sans limite, entraînant ceux qui le détiennent dans une spirale de frustrations sans fin. Ainsi que le rappelle Rousseau :*
>
> *« Celui qui n'a rien désire peu de choses ; celui qui ne commande à personne a peu d'ambition. Mais le superflu éveille la convoitise ; plus on obtient, plus on désire. »*

« Malheur à qui n'a plus rien à désirer ! Il perd pour ainsi dire tout ce qu'il possède. »

Jean-Jacques Rousseau, Julie ou la Nouvelle Héloïse [3]

Julie ou la Nouvelle Héloïse, roman à succès du XVIIIe siècle, relate les amours contrariés de Julie et de Saint-Preux, empêchés de s'unir par l'ambition d'un père cruel. Condamnés à dissimuler leurs élans interdits par le mariage de raison imposé à Julie, les deux amants ne perdent pourtant rien de leur flamme. Comment parviennent-ils à endurer l'épreuve de cet amour impossible ?

C'est qu'il y a, selon Rousseau, davantage de bonheur dans l'anticipation propre au désir que dans sa jouissance. Une fois atteint, l'objet convoité perd le caractère mystérieux et idéal que lui conférait l'inaccessibilité. Aussi le plaisir augmente-t-il avec l'espoir, tandis que la satisfaction déçoit, au point que la fin de toute attente est synonyme de malheur. Cette ambiguïté du désir, qui s'alimente de la distance, se

3. Bordas, 1988, Sixième partie, lettre VIII, p. 681.

comprend par son lien intime avec l'imaginaire. En effet, la rêverie et le fantasme magnifient les êtres aimés, sans que cette illusion ne soit néfaste puisqu'elle berce les amants dans un pays de chimères où il fait bon vivre.

En somme, l'impossibilité de leur union ne fait pas sombrer Julie et Saint-Preux dans la frustration ou la souffrance. Comprenant qu'ils s'aimeront mieux dans leurs songes qu'au quotidien, et que la retenue du désir peut faire de la vertu une volupté, ils subliment leur amour sans jamais trahir leur âme par le mensonge ou l'adultère.

> *Ces deux êtres échappent peut-être ainsi à l'amertume cruelle des amours fanées, s'il est vrai que, comme l'écrivit Marcel Proust :*
>
> *« Le désir fleurit, la possession flétrit toutes choses. »*

« Nous ne savons renoncer à rien. Nous ne savons qu'échanger une chose contre une autre. »

Sigmund Freud, Essais de psychanalyse appliquée [4]

Voici une déclaration emblématique de la pensée freudienne. La trajectoire de nos vies emprunte la voie des renoncements : au corps de la mère, à la satisfaction immédiate des besoins, aux désirs interdits... Comment parvenons-nous à tant renoncer ?

Pour Freud, la maturation de l'individu passe par un processus de « sublimation », grâce auquel les pulsions sont détournées de leur objet premier et reconduites vers des activités socialement valorisées. Au cours de leurs jeunes années, les individus réorientent inconsciemment

4. Gallimard, 1980, « La création littéraire et le rêve éveillé », p. 71.

leurs instincts et retrouvent dans de nouvelles activités des satisfactions profondes, car leurs pulsions ont pour propriété de pouvoir changer d'objet sans perdre de leur intensité. En d'autres termes, lorsqu'un objet est interdit au désir, celui-ci est capable d'en trouver un autre. Et si les hommes ont la force de perdre ce à quoi ils sont attachés, c'est parce que leur psychisme est toujours capable d'échanger un objet de désir contre un autre, pour aller « désirer ailleurs ».

Il en va ainsi du deuil. Perdre un être aimé inonde la vie de désespoir et semble rendre la joie à tout jamais impossible. Et pourtant, le temps fait finalement son œuvre. Le temps ? Pas tout à fait. Plutôt le « travail » du deuil, cette étrange mutation intérieure par laquelle nos forces psychiques seront progressivement dirigées vers d'autres êtres, d'autres activités. C'est la loi de notre vie, et la seule qui lui permettre de triompher – à sa manière – de la mort.

> *La pratique du renoncement ne se solde pourtant pas toujours par des mutations intérieures créatives ou bienfaisantes. Le moraliste Cioran nous met ainsi en garde :*
>
> *« Méfiez-vous de ceux qui tournent le dos à l'amour, à l'ambition, à la société. Ils se vengeront d'y avoir renoncé. »*

« Ce que l'on n'a pas, ce que l'on n'est pas, ce dont on manque, voilà les objets du désir et de l'amour. »

Platon (428-348 av. J.-C.), Banquet [5]

Chacun des convives du *Banquet* relaté par Platon est invité à disserter sur Éros, le dieu de l'amour. Lorsque vient le tour de Socrate, il déclare que l'amour est désir de ce que nous n'avons pas puisque, logiquement,

5. Garnier-Flammarion, 1998, 200d, p. 134.

nous ne souhaitons plus obtenir ce que nous possédons déjà. Pour autant, le désir n'est-il que l'expression d'un manque ?

Afin de répondre, le philosophe recourt à un mythe. Éros serait le fils de Pénia, déesse de l'indigence, et de Poros, dieu de la stratégie inventive. L'amour emprunte à ses parents cette double nature. Comme sa mère, il est accompagné d'une souffrance, née du sentiment de privation qui persiste tant que son objet demeure hors de portée. Mais de son père, il tient l'habileté et l'avidité de celui qui souhaite à tout prix parvenir à ses fins, si bien que rien ne semble pouvoir entraver son impérieuse pulsion. L'emprise du désir est, il est vrai, parfois telle qu'il métamorphose notre caractère en nous donnant la force de dépasser nos inhibitions.

Si la formule socratique précise que le désir manifeste aussi un manque d'« être », c'est que les biens et les personnes que nous convoitons ne sont au fond que des moyens en vue d'une fin : nous accomplir en tant qu'individu puissant ou digne d'amour. Ainsi, le fier Alcibiade, doté par la fortune d'une rare beauté, se reconnaît-il attaché de façon incompréhensible à son amant Socrate. Sans doute parce que la sagesse de ce dernier est la qualité par excellence qui fait défaut à l'orgueilleux jeune homme...

> *Justement parce qu'il déploie nos virtualités, le désir n'est-il pas la source créatrice de notre être ? Le plus célèbre des écrivains allemands partageait cette intution :*
>
> *« Nos désirs sont les pressentiments des possibilités qui sont en nous. »*
>
> *Johann Wolfgang von Goethe*

« Rien de grand ne s'est accompli dans le monde sans passion. »

Georg Wilhelm Friedrich Hegel (1770-1831),
La Raison dans l'Histoire [6]

Hegel est demeuré célèbre pour sa philosophie de l'Histoire. Le destin du monde est, selon lui, la réalisation progressive d'une rationalité difficile à déceler à l'œil nu, œuvrant en profondeur, de façon irréversible. Et au sein des vastes processus historiques, la passion, dont on souligne pourtant souvent le caractère capricieux et déraisonnable, joue un rôle clé. De quelle manière ?

Hegel recourt au terme de « passion » lorsqu'un individu concentre toute son énergie, toutes les fibres de son être, au service d'un but unique, lui sacrifiant tout le reste. Or, cet élan qui décuple les forces de l'individu fournit l'enthousiasme nécessaire aux grands projets, aux entreprises dangereuses ou démesurées. Deux perspectives s'opposent alors : lorsqu'on observe les hommes de près, on n'aperçoit que des individus animés de passions personnelles ; mais en prenant du recul, on découvre que ces intérêts individuels sont la force même grâce à laquelle des mutations historiques s'accomplissent.

Un grand conquérant comme César illustre ce paradoxe. Loin d'être un individu sobre ou modéré, il lutta passionnément pour être le seul maître à Rome, et se projeta sur cet objectif au détriment de tout autre. Mais son ambition égoïste fut précisément la cause de ce qui étendit la souveraineté de Rome bien au-delà de ses frontières de l'époque, créant une puissance politique qui allait devenir le centre de l'histoire universelle.

6. Éditions 10-18,1993, p. 108.

La passion galvanise nos actes, mais elle alimente aussi de façon souterraine notre raison. Si bien que le savoir, selon Jean-Jacques Rousseau, n'est jamais qu'un instrument au service de nos désirs :

« L'entendement humain doit beaucoup aux passions (...). Nous ne cherchons à connaître que parce que nous désirons de jouir. »

Pour prolonger la réflexion...

Bataille G., *L'Érotisme*, Minuit, 1985.

Foucault M., *La Volonté de savoir* I, *Histoire de la sexualité*, Gallimard, 1969.

Meyer M., *Le Philosophe et les Passions*, Livre de Poche, 1991.

Platon, *Le Banquet*, Garnier-Flammarion, 1998.

Rougemont D. (de), *L'Amour et l'Occident*, 10-18, 2001.

Chapitre 3

Autrui

« Un ami est un autre soi-même. »

Aristote (384-322 av. J.-C.), La Grande Morale [1]

Comme nombre de philosophes grecs, Aristote encourage chaque homme à mieux se connaître et à tenter de se suffire à soi-même. Pour ce faire, il n'hésite pas à prendre l'autarcie de Dieu comme modèle. Y a-t-il une place pour autrui dans un tel projet ?

La réponse tient dans le rôle de l'amitié. Seul, affirme Aristote, je m'aveugle nécessairement sur ma personne. Il m'arrive, par exemple, d'adresser à d'autres des reproches, sans m'apercevoir que je commets les mêmes erreurs ou que je possède des travers similaires. En revanche, en me tournant vers mon ami et en dialoguant, je me donne les moyens de mieux me comprendre. Tel le miroir dans lequel je me contemple, l'ami me permet de me connaître, là où l'introspection est paradoxalement mise en échec. Ainsi, le véritable ami sera pour Aristote une sorte d'*alter ego*, c'est-à-dire un « autre moi ». On ne saurait mieux affirmer à quel point l'amitié va au-delà de la simple camaraderie : elle possède une dignité tout à fait unique parmi l'éventail des relations à autrui, puisque finalement j'aime mon ami autant que moi-même.

Le propos est noble, mais on peut s'interroger sur la similitude que semble exiger Aristote entre authentiques amis. L'« autre moi » n'est-il pas aussi et toujours un « autre que moi » ? Ne peut-on être l'ami de quelqu'un de profondément dissemblable ? En recherchant dans l'ami un double, je risque à coup sûr de me priver de l'enrichissement qu'offrent les différences.

1. Arléa, 1992, Livre II, chap. XV, 1213 a 20, p. 217. L'attribution à Aristote est contestée.

En humaniste fidèle aux grands penseurs antiques et, plus que tout, à son amitié avec Étienne de La Boétie, Montaigne notera à ce propos :

« Se trouve autant de différence de nous à nous-même que de nous à autrui. »

« Tout ce qui est commun, dans le désir (...) signifie non l'harmonie mais le conflit. »

René Girard (né en 1923), La Violence et le Sacré [2]

René Girard a dénoncé à maintes reprises les périls du mimétisme qui gouverne nos comportements, et notamment ses conséquences dévastatrices. Mais pourquoi la similitude des désirs impliquerait-elle le conflit ?

Pour Girard, autrui est la véritable source d'un grand nombre de mes désirs, parce que j'ai spontanément tendance à désirer ce que lui-même désire. Plus une femme est convoitée, par exemple, plus elle est entourée d'une aura de prestige qui la rend attirante à mes yeux, que je le veuille ou pas. Ainsi, le désir de ce que l'autre désire devient désir de ce qu'il *a*, puis désir de ce qu'il *est*, conduisant les hommes à s'imiter les uns les autres. Mais surtout, dès lors que je veux la même chose qu'autrui, celui-ci s'impose comme un rival et un obstacle à l'appropriation de l'objet de mon désir. C'est pourquoi la similitude des désirs conduit inévitablement les individus vers la concurrence et la jalousie sociales.

Ce phénomène est particulièrement visible dans nos sociétés qui exacerbent la rivalité en vue de la consommation. Par le jeu de la publi-

2. Hachette, 1990, chap. VII, p. 266.

cité et des icônes de mode auxquelles chacun veut ressembler, les individus sont en effet invités à se surpasser les uns les autres, alimentant par là même la machine économique. Cet antagonisme est certes bénéfique au fonctionnement du marché, mais il produit également des tensions dangereuses car, au fond, l'individu « *qui nous empêche de satisfaire un désir qu'il nous a lui-même suggéré est vraiment objet de haine* ».

> *Cette similitude quelque peu mystérieuse qui relie insensiblement les protagonistes d'une rivalité ou d'un conflit fait songer à la formule lapidaire du grand écrivain argentin Jorge Luis Borges :*
>
> *« On finit toujours par ressembler à ses ennemis. »*

« Le visage est (...) ce dont le sens consiste à dire : "Tu ne tueras point." »

Emmanuel Lévinas (1905-1995), Éthique et infini [3]

Emmanuel Lévinas est un philosophe nourri d'études bibliques. Dans son œuvre, autrui est essentiellement pensé dans sa dimension éthique, et la signification même de sa présence est liée à l'un des dix commandements divins.

De l'autre, la première chose qui m'apparaît est son visage. Or, ce visage est radicalement différent de tout ce qui peuple mon champ visuel. C'est une réalité singulière et vulnérable à laquelle je suis incapable d'être tout à fait indifférent. La force de cette apparition est qu'elle me place immédiatement dans une position de responsabilité morale. J'éprouve, malgré moi, la difficulté de porter la main sur la personne

3. Fayard, 1982, p. 91.

humaine, constate Lévinas, comme si l'interdiction du meurtre était inscrite sur ce visage. Certes, cela ne signifie pas qu'il suffit de voir quelqu'un pour lui témoigner de la bonté ! Chacun sait qu'il est possible de faire preuve de cruauté ou de sadisme envers un être tout en le regardant. Mais le visage produit un sentiment de respect qui ne ressemble à rien que je puisse ressentir envers les choses inertes : il est en ce sens la source ultime de toute éthique.

Le cinéma hollywoodien l'a souvent illustré à sa manière, en montrant des personnages déterminés à tuer et qui, au dernier moment, dans le face-à-face ultime avec leur victime, renoncent à passer à l'acte, comme empêchés par une force étrange et invisible... celle du visage humain.

> *Un visage dont la signification renvoie à celle d'un Livre – étrange idée ! Écoutons pourtant l'écrivain français Marcel Jouhandeau :*
>
> *« Si je perdais ma bibliothèque, j'aurais toujours le métro et l'autobus. Un billet le matin, un billet le soir et je lirais les visages. »*

« Le désir de l'égalité devient toujours plus insatiable à mesure que l'égalité est plus grande. »

Alexis de Tocqueville (1805-1859), De la démocratie en Amérique [4]

Ce « paradoxe de Tocqueville » reste d'actualité. Brillant analyste des États-Unis de son temps, le penseur français avait remarqué que le fondement des démocraties modernes réside dans l'égalité. Les droits politiques et la mobilité sociale s'y conjuguent pour donner aux hommes un vif sentiment d'être égaux. Toutefois, ils ne sont jamais comblés. Pourquoi ?

4. Garnier-Flammarion, 1981, tome II, Deuxième partie, chap. 13, p. 174.

Dans les sociétés aristocratiques anciennes, les plus fortes inégalités, confortées par la tradition, ne frappaient pas les esprits. Mais dans nos sociétés démocratiques, les moindres distinctions blessent l'œil. La *sensibilité*, voire la susceptibilité, aux différences devient plus vive. Les individus cherchent alors à se rattraper les uns les autres et entrent dans une spirale de concurrence permanente qui, paradoxalement, empêche d'instaurer une égalité parfaite. Or, leur amour de l'égalité, lui, ne faiblit pas. Par conséquent, même si les différences sociales se réduisent objectivement, elles sont plus difficiles à supporter subjectivement. Au lieu d'atténuer les jalousies et les frustrations, la réduction des écarts les exacerbe ! Si ces nouveaux citoyens accroissent leur bien-être matériel, ils sont pourtant rarement heureux, note Tocqueville, car ils « *songent sans cesse aux biens qu'ils n'ont pas* ».

Peut-être cela renvoie-t-il aussi à un constat banal : chacun a tendance à jalouser davantage ceux avec qui il peut se comparer que ceux qui lui paraissent hors de portée. Un soldat n'enviera-t-il pas plus son sergent que son général ?

> *Tocqueville est en fait l'un des premiers penseurs à saisir pleinement l'ambivalence du goût démocratique pour l'égalité :*
>
> *« Il y a en effet une passion mâle et légitime pour l'égalité qui excite les hommes à vouloir être tous forts et estimés. Cette passion tend à élever les petits au rang des grands ; mais il se rencontre aussi dans le cœur humain un goût dépravé pour l'égalité, qui porte les faibles à vouloir attirer les forts à leur niveau. »*

« L'enfer, c'est les Autres. »

Jean-Paul Sartre (1905-1980), Huis clos [5]

Ce verdict, qui clôt la pièce de Sartre, semble confirmer l'un de nos pressentiments : tout serait tellement plus simple si les « autres » n'interféraient dans nos désirs, ligués, semble-t-il, pour nous rendre l'existence infernale. Faut-il en conclure que ce sont eux les responsables de nos malheurs ?

La philosophie sartrienne affirme exactement l'inverse : rien ne nous permet d'accuser autrui de ce que nous vivons, car nous sommes absolument libres de nos choix. Et même si nos proches peuvent les influencer, nous devons les assumer entièrement. Mais, parce que cette prise de conscience est difficile et angoissante, nous cherchons souvent le moyen de nous décharger du poids de la culpabilité. C'est justement le discours que tiennent les protagonistes de *Huis clos* : la lâcheté de l'un, l'infanticide de l'autre leur auraient été soi-disant dictés par la nécessité.

Seulement, dans la pièce, « les jeux sont faits » puisqu'ils sont morts et vient l'heure du jugement dernier. Un jugement dernier tout à fait particulier : dans l'univers existentialiste de Sartre, Dieu n'existe pas, c'est le regard d'autrui qui nous juge. Le châtiment des personnages de la pièce sera donc de se supporter réciproquement, autrement dit d'endurer pour l'éternité le rappel de leur responsabilité. L'enfer, c'est bien en ce sens les autres, non pas parce qu'ils nous voudraient du mal, mais parce qu'ils incarnent la plus implacable des condamnations en nous renvoyant à nous-mêmes. N'est-ce pas pour échapper à ce regard que certains crimes se commettent la nuit, à l'insu de tous, comme si l'anonymat protégeait du jugement ?

5. Gallimard, 1947, p. 93.

On songe à l'aveu de Goethe : « *Pour moi le plus grand supplice serait d'être seul en paradis.* » Car au fond, qu'y aurait-il de pire : ne plus échapper au regard d'autrui… ou ne plus jamais pouvoir s'y mirer ?

Pour prolonger la réflexion…

Aristote, *Éthique à Nicomaque*, Livres VIII-IX, Ellipses, 2001.
Cormier P., *Généalogie de personne*, Critérion, 1994.
Kierkegaard S., *Le Journal du séducteur*, Gallimard, 1989.
Lévinas E., *Éthique et infini*, Livre de Poche, 1984.
Ricœur P., *Soi-même comme un autre*, Seuil, 1990.

Chapitre 4

Le bonheur

« Nous ne vivons jamais, mais espérons de vivre ; et, nous disposant toujours à être heureux, il est inévitable que nous ne le soyons jamais. »

Blaise Pascal, Pensées [1]

Le bonheur est l'horizon de notre existence et tous nos choix jalonnent l'édification de cet idéal auquel nous aspirons avec tant d'avidité. Mais le propos sombre de Pascal nous met ici en garde : paradoxalement, n'est-ce pas notre recherche frénétique du bonheur qui en rend impossible la jouissance ?

En effet, le souci du bonheur induit une existence inquiète, écartelée entre la nostalgie d'un passé joyeux et l'impatience d'une félicité à venir. Lorsque toute notre activité est investie dans la recherche d'un bien-être en vue duquel nous déployons d'immenses efforts, le bonheur est tout simplement reporté. Ainsi, nous *« espérons de vivre »* plus que nous ne profitons des moments heureux qui s'offrent à nous. Mais n'est-ce pas là un pari risqué puisque nous ne sommes guère assurés de jamais accéder à ce bonheur convoité ? Au fond, nous laissons échapper la seule chose qui nous appartienne ; le présent, parce que nous en faisons un moyen en vue d'une fin seulement probable : le « futur ». Le verdict de Pascal nous rappelle donc une vérité essentielle : notre rapport au temps hypothèque par lui-même nos possibilités de bonheur.

Ainsi, l'avare se prive de tout pour épargner et l'ambitieux dédaigne le présent au nom d'une gloire future, car tous deux se réservent pour l'avenir. Mais voilà bientôt, prévient Pascal, qu'on leur verse un peu de terre sur la tête et la comédie est terminée. Quel mauvais calcul que de mourir préoccupé, en ayant toujours remis à demain son bonheur réel !

1. Garnier-Flammarion, 1976, § 172, p. 96.

En grec ancien, le mot temps – chronos *– évoquait le nom du titan Cronos, être mythologique qui avalait ses propres enfants. Indice, sans doute, que la conscience du temps « dévorant » était déjà présente dans la pensée grecque. Rappelons le mot d'Épicure :*

« La vie périt par le délai et chacun de nous meurt affairé. »

« Carpe diem. »

Horace (65-8 av. J.-C.), Odes [2]

« *Cueille le jour* », recommande le poète latin Horace à la jeune Leuconoé, « *en te fiant le moins possible au lendemain* ». Ce vers, qui fait du jour une sorte de fruit à croquer, est devenu si célèbre qu'il s'est transformé en une locution courante. N'est-il pas tentant d'y voir un résumé économique de l'épicurisme, une invitation à profiter aveuglément du moment présent sans se soucier de quoi que ce soit d'autre ?

Ce serait pourtant là confondre hédonisme grossier et épicurisme authentique. En admirateur d'Épicure, Horace préconise une recherche raisonnée du plaisir. La vie est brève, soit, et la mort y mettra un terme. Que cela ne nous jette pas pour autant dans le tourbillon des plaisirs étourdissants ! Nulle part le grand maître grec n'invitait à multiplier sans frein des jouissances éphémères. Il s'agissait au contraire d'éviter les désirs susceptibles de nous rendre instables ou malheureux, et tout particulièrement le désir d'immortalité, aussi lancinant qu'impossible à satisfaire. Voilà pourquoi il faut construire, au présent, une hygiène de vie pérenne, qui permette d'accéder à l'équilibre du corps et à la sérénité de l'âme.

2. In Œuvres, G. Olms, 1966, Livre I, Ode 11 « À Leuconoé », p. 36.

Cette sagesse est bien loin de la vie de débauche que l'on prête parfois aux épicuriens : le véritable bonheur implique de savourer l'instant présent, certes, mais dans le cadre d'une discipline de vie exigeante, dont les maîtres mots sont la prudence et la modération. Horace recommande d'ailleurs de rechercher les plaisirs simples de la « douceur campagnarde », qu'il affectionnait tout particulièrement.

> *Qui sut s'approprier mieux que le poète Ronsard cette recommandation de Horace et exprimer – dans la langue française cette fois – l'urgence intime du bonheur ?*
>
> *« Vivez, si m'en croyez, n'attendez à demain :*
> *Cueillez dès aujourd'hui les roses de la vie. »*

« Les hommes ayant placé toutes les douleurs, toutes les souffrances dans l'enfer, pour remplir le ciel, ils n'ont plus trouvé que l'ennui. »

Arthur Schopenhauer (1788-1860),
Le Monde comme volonté et comme représentation [3]

Le croyant redoute l'enfer, lieu tourmenté des âmes damnées, et il œuvre pour gagner sa place au paradis, promesse d'une félicité éternelle. Mais n'y a-t-il pas un malentendu sur la nature du bonheur escompté ? Il se pourrait que la béatitude céleste s'avère finalement très monotone.

En effet, selon Arthur Schopenhauer, dont on apprend sans surprise que sa philosophie est empreinte de pessimisme, le bonheur, pas plus que

3. PUF, 1996, tome 1, p. 325.

le paradis, n'a de réalité. La seule expérience concrète de l'existence est la douleur et c'est elle qui, par contraste, donne sens à ce que nous nommons plaisir. La peine physique du corps qui vieillit, par exemple, ou les affres de la maladie forgent en nous le rêve d'une santé éclatante. De même, la frustration de nos désirs ou l'inquiétude qu'ils ne soient pas assouvis nous font espérer des états extatiques qui, pourtant, ne seraient jamais plus que la délivrance d'un manque. Ainsi, les joies et le bien-être imaginaires que nous espérons ne sont que les figures inversées de nos peines. Mais si notre existence est douloureuse, elle est cependant préférable à l'absence de désir, symptôme d'une mélancolique apathie. Sans le désir et son cortège de souffrances, l'homme n'éprouverait en effet que la vacuité d'une existence dénuée de but. Est-ce bien là, se demande non sans ironie le philosophe allemand, ce que nous attendons du ciel ?

En somme, si notre vie est infernale, elle vaut pourtant mieux qu'un illusoire paradis ! Les adeptes des pratiques sadomasochistes ne trouveront vraisemblablement rien à redire au constat de Schopenhauer...

> *Serait-ce ici-bas que le pire nous est déjà infligé ? Après tout, s'interroge malicieusement Aldous Huxley, l'auteur du* Meilleur des mondes *:*
>
> *« Comment savez-vous si la terre n'est pas l'enfer d'une autre planète ? »*

« Le bonheur est une idée neuve en Europe. »

Louis Antoine de Saint-Just (1767-1794) [4]

Étrange déclaration que celle du révolutionnaire français Saint-Just : comment le bonheur pourrait-il être une invention de la modernité ? N'est-il pas l'aspiration universelle de l'humanité, par-delà les époques et les cultures ?

Certes, le bonheur est un désir connu de tous, mais l'originalité de la formule réside dans la revendication inédite d'un droit au bonheur pour tous. Insurgée contre l'arbitraire d'une monarchie tyrannique, révoltée par le spectacle de l'injustice, l'utopie révolutionnaire clame avec force l'urgence d'établir une société régénérée. La proclamation de Saint-Just, adressée aux monarchies voisines menaçant la jeune république, affirme sa volonté de diffuser les Lumières de la Révolution dans toute l'Europe. Le bonheur ne doit plus être le privilège de quelques-uns ici-bas ou l'incertaine récompense d'un salut dans l'au-delà. Il sera désormais accessible à tous grâce à l'institution d'un État qui accorde à chacun ses droits fondamentaux et s'engage à pourvoir aux besoins des plus misérables.

L'ambition de ce projet laisse rêveur, par sa promesse d'un bonheur universel. Mais il n'est pas sans danger, car exiger de l'État le devoir d'assurer le bonheur, c'est lui octroyer le droit de modeler la société au nom de cet idéal enthousiasmant. La *Déclaration d'Indépendance* américaine (1776) s'est montrée plus nuancée et plus pragmatique, puisqu'elle proclame, non le bonheur pour tous, mais le droit pour chacun de « *rechercher son bonheur* » en fonction de ses désirs et de ses moyens.

4. Discours du 3 mars 1794 prononcé à la tribune de la Convention.

À la même époque, le philosophe Emmanuel Kant pressent les risques que ferait courir un État qui se donnerait pour mission d'assurer le bonheur de ses membres... contre leur gré :

« Le souverain veut rendre le peuple heureux selon l'idée qu'il s'en fait, et il devient despote ; le peuple veut ne pas se laisser frustrer de la prétention au bonheur commune à tous les hommes, et il devient rebelle. »

« Le silence éternel de ces espaces infinis m'effraie. »

Blaise Pascal, Pensées [5]

Ce cri d'effroi n'exprime pas la détresse de Pascal, mais celle du libertin dont l'existence est tout entière tournée vers la quête du plaisir. Car celui qui néglige Dieu ne s'expose-t-il pas à l'angoisse d'une extrême solitude ?

Afin d'éveiller l'inquiétude de celui qui délaisse le salut de son âme, Pascal emprunte aux découvertes scientifiques de son temps. En effet, le XVIIe siècle se caractérise par le développement de nouveaux instruments d'observation, tels le télescope et le microscope. À travers ces derniers, les limites rassurantes du monde s'évanouissent, exposant les hommes aux vertiges de l'infiniment grand et de l'infiniment petit. Le Cosmos médiéval, monde clos et harmonieux organisé autour de l'homme, laisse place à un univers sans bornes, sans commune mesure avec la petitesse de l'existence humaine. Or, *« qu'est-ce qu'un homme dans l'infini ? »*. Son existence, submergée par l'immensité du temps et de l'espace, est désormais dérisoire et ne trouve nul appui qui puisse lui

5. Garnier-Flammarion, 1976, § 206, p. 110.

servir de repère. Aucun écho ne lui parvient de cet univers vide et glacé. Comment, dès lors, ne pas trembler devant ces abîmes ?

Certes, l'athée peut toujours tenter de fuir cette vérité par des divertissements, mais l'accumulation de jouissances éphémères peine à masquer l'indigence de sa condition. Seule la reconnaissance de la grandeur divine est à même de le sauver de sa misère et de donner un sens à son existence.

On pourra préférer à l'angoissante lucidité pascalienne le prudent conseil de Voltaire qui invite dans *Candide* à « *cultiver notre jardin* » : le bonheur et la sérénité grandiront alors dans un monde ramené aux dimensions humaines, à la mesure de nos espoirs et de nos pouvoirs.

« Il faut imaginer Sysiphe heureux. »

Albert Camus (1913-1960), Le Mythe de Sisyphe [6]

Mémorable conclusion de l'essai d'Albert Camus, *Le Mythe de Sisyphe.* Pour avoir osé défier les dieux, le personnage mythologique de Sisyphe fut condamné à rouler jusqu'en haut d'une montagne une énorme pierre, qui retombait inéluctablement avant qu'il ne soit parvenu au sommet. Et ceci pour l'éternité. Comment peut-on l'imaginer « heureux » ?

En réalité, Sisyphe incarne pour Camus l'absurdité de la condition humaine. L'homme est un être épris de sens, mais il ne récolte que le silence insondable des choses, à commencer par celui de sa propre

6. Gallimard, 1994, p. 185.

mort. La situation est insoluble, car cet être *« cherche dans le monde une raison qui n'est qu'en lui »*. Or, pour Camus, tout comme Sisyphe ne saurait s'inventer un avenir illusoire, l'homme doit refuser de se créer un « au-delà » religieux. Se dérober à l'existence comme le ferait le suicidaire, n'est pas non plus une solution : cette existence, il faut bel et bien l'affronter, en adoptant un esprit de révolte qui prend en charge cette implacable absurdité. Et c'est alors seulement, au cœur de ce destin écrasant mais assumé, qu'une joie lucide pourra survenir. Il ne reste en fait que cette lutte-là, aux yeux de Camus, pour remplir authentiquement notre cœur.

Ouvriers affectés à des travaux répétitifs et insignifiants, femmes condamnées à des tâches ménagères perpétuellement recommencées, Don Juans emportés dans le cycle sans fin du désir et de la frustration... certains pourront se reconnaître dans ce sombre tableau de la condition humaine et y trouver – qui sait ? – une forme d'espoir paradoxal.

> *André Malraux partageait avec son contemporain Albert Camus le sens du paradoxe déchirant de la condition humaine :*
>
> *« J'ai appris qu'une vie ne vaut rien, mais que rien ne vaut une vie. »*

Pour prolonger la réflexion...

Bogaert S., *La Recherche du bonheur*, Corpus Garnier-Flammarion, 2005.
Alain, *Propos sur le bonheur*, Gallimard, 1993.
Comte-Sponville A., *Traité du désespoir et de la béatitude*, PUF, 1984.
Épicure, *Lettre à Ménécée*, Hatier, 1999.
Adorno, F.P., *Pascal*, Les Belles Lettres, 2000.
Huxley A., *Le Meilleur des mondes*, Presse Pocket, 1977.

Deuxième partie

Le savoir

Chapitre 5

Le langage

« La parole est l'existence extérieure du sens. »

Maurice Merleau-Ponty (1908-1961),
Phénoménologie de la perception [1]

Le langage est-il un simple vêtement de la pensée ? « S'ex-primer », est-ce habiller de mots ses idées ? Voilà une conception naïve que récuse Maurice Merleau-Ponty. À ses yeux, elle repose sur un préjugé : la pensée préexisterait à la parole. Or, introspectons-nous un instant : certes, nous réfléchissons en général avant de parler, mais possédons-nous vraiment une pensée articulée, organisée en raisonnements, avant les mots et sans les mots ?

Nous constatons plutôt que notre pensée se forme en se formulant et qu'elle parvient à la conscience d'elle-même à travers les mots. C'est donc que nous pensons à l'intérieur même du langage. Les mots n'illustrent pas la pensée, ils lui donnent corps, c'est-à-dire existence et consistance. Inversement, une parole entendue, en délivrant son message propre, donne à penser. Car nous ne séparons pas, dans l'écoute, le signe de la signification. En dialoguant, nous faisons même plutôt l'expérience d'un sens qui est « pris » dans la parole ou, si l'on préfère, d'une parole qui fait immédiatement sens.

En somme, pour Merleau-Ponty, la parole est bien plus qu'un instrument de communication. Elle n'est pas l'ambassade de la pensée dans le monde sonore, mais plutôt sa présence incarnée, la forme même de son existence extérieure. Le philosophe retrouve ici une vieille intuition de la langue grecque, où le mot qui désignait la raison – *logos* – signifiait aussi « langage »... comme si la pensée ne pouvait être autre chose qu'un discours articulé.

1. Gallimard, 1945, p. 212.

Pourtant, certains ne se plaisent-ils pas à affirmer que leur pensée est trop riche et trop subtile pour être exprimée, ou qu'il n'existe nul mot pour décrire ce qu'ils ressentent ? À tort, répondrait le philosophe allemand Hegel :

« Ce qui est indicible est le signe d'une pensée à l'état de fermentation. »

« Nous ne voyons pas les choses mêmes ; nous nous bornons, le plus souvent, à lire des étiquettes collées sur elles. »

Henri Bergson (1859-1941), Le Rire [2]

Le langage est un système de signes grâce auxquels nous nommons les choses. Mais si les mots, selon la formule de Bergson, ne sont que des étiquettes, peuvent-ils exprimer véritablement la réalité ?

Une langue destinée à refléter le monde devrait accorder un nom propre à chaque chose. Or si c'était le cas, le dictionnaire serait infini et la communication impossible. Aux yeux du philosophe, la raison d'être du langage, plus modeste, est essentiellement instrumentale : permettre la coopération pratique entre les hommes. Par souci d'efficacité, le langage regroupe sous un nom commun une multiplicité de réalités que nous jugeons identiques dès lors qu'elles ont pour nous la même utilité. Ainsi, faute de pouvoir exprimer la diversité des choses, nous les classons selon nos besoins. Mais en contrepartie, le langage se réduit à une collection d'étiquettes qui ne retiennent des choses que leur aspect commun, au prix de leur singularité. À propos d'une femme ou d'un aliment, nous employons indifféremment le verbe « aimer » : s'agit-il pourtant du même sentiment ? Comment comprendre la teneur de

2. PUF, 1981, pp. 117-118.

notre amour si, pour le définir, nous recourons à un terme aussi impersonnel ?

Parce que les choses ont d'abord été classées en fonction du parti que nous pouvons en tirer, l'organisation du langage finit par faire écran entre la réalité et nous-mêmes. C'est ainsi qu'en simplifiant le monde, nos étiquettes verbales diminuent notre capacité à en percevoir la richesse.

> *Qui, mieux que l'écrivain, peut témoigner de la rigidité parfois étouffante du langage ? Écoutons Henry de Montherlant :*
>
> *« Nos émotions sont dans nos mots comme des oiseaux empaillés. »*

« Dire c'est faire. »

John Langshaw Austin (1911-1960), How to Do Things with Words [3]

Le philosophe britannique John Austin a été rendu célèbre par la publication posthume d'une série de conférences rassemblées sous le titre évocateur *How to Do Things with Words* (en français, Quand dire, c'est faire). Elles constituèrent une rupture avec la philosophie traditionnelle du langage.

Jusque-là, on considérait en effet que la plupart de nos phrases avaient pour vocation de décrire un « état de choses » (ce sont les énoncés qu'Austin nomme *« constatatifs »*). Mais certaines formules, loin d'être de simples reflets de la réalité, ont pour particularité d'accomplir l'acte qu'elles désignent. Lorsque le maire annonce, par exemple, aux fiancés

3. Cette citation est tirée du titre de la traduction française.

« Je vous déclare mari et femme », il ne constate pas un état de fait, il le réalise en le proclamant ! De même, quand je dis « je parie cinq euros qu'il va pleuvoir », ma phrase est moins une description qu'une action – celle de parier. Ces énoncés atypiques, appelés « *performatifs* », ne sont ni vrais ni faux : il s'agit plutôt d'actes susceptibles de réussir ou d'échouer. Ainsi les mots ne se contentent pas de transmettre des informations, ils sont aussi des instruments essentiels de production et d'exécution.

> *Austin s'emploie dans son œuvre à démontrer que de tels actes de langage prolifèrent dans nos discours et dans nos vies. On ne peut s'empêcher de remarquer que la philosophie du langage, au faîte de sa modernité, renoue avec l'idée biblique du Verbe créateur. Toutefois, c'est l'homme et non Dieu qui en serait ici le maître d'œuvre.*
>
> *« Dieu dit : "Que la lumière soit !" Et la lumière fut. »*
>
> *Genèse*

« Le monde (...) devient humain (...) seulement lorsqu'il est devenu objet de dialogue. »

Hannah Arendt (1905-1975), Vies politiques [4]

Nous sommes habitués à l'idée que la parole est le propre de l'homme. Pourquoi faire du dialogue en particulier, parmi les différentes formes du langage, une condition d'humanité ?

Les hommes ne sont pas les seuls êtres vivants à communiquer : de nombreuses espèces animales s'adressent signaux et messages. Mais

4. « Car le monde n'est pas humain pour avoir été fait par des hommes, et il ne devient pas humain parce que la voix humaine y résonne, mais seulement lorsqu'il est devenu objet de dialogue. » Gallimard, 1974, pp. 34-35.

elles ne dialoguent pas. Car le dialogue n'est pas un simple échange d'informations. C'est une opération réciproque qui exige de s'entendre sur des critères de sens et de valeur, une manière d'être à deux qui rend possible la construction d'un monde commun. Celui-ci est donc autant une réalité physique qu'un univers de symboles à l'intérieur duquel ceux qui dialoguent évoluent. Puisant aux racines grecques de la démocratie, Hannah Arendt nous rappelle que la possibilité insigne qui est donnée à l'être humain de débattre avec ses semblables est le fondement de la sociabilité. C'est parce que les hommes sont capables de s'extraire de la citadelle de leur subjectivité pour « *parler-ensemble* » du monde qu'ils peuvent finalement l'« *habiter-ensemble* ». En d'autres termes, ils humanisent ce qui se produit en eux et hors d'eux à partir du moment où ils en parlent.

Propos édifiants ? Mais qu'y a-t-il de plus inhumain dans la solitude, sinon le fait qu'elle prive l'individu de dialogue ? En adressant la parole à ces miséreux solitaires, ces exclus abandonnés si nombreux dans nos villes, nous les voyons comme renaître : n'est-ce pas leur monde qui, l'espace d'un instant, redevient justement humain ?

> *Le silence peut toutefois être choisi. On pourra par exemple méditer sur la célèbre règle de saint Benoît, destinée à la discipline des moines :*
>
> *« Savoir garder le silence est très important. C'est pourquoi, même pour dire des paroles qui sont bonnes, des paroles saintes qui aident les autres, les disciples parfaits recevront rarement la permission de parler. »*

« Ce dont on ne peut parler, il faut le taire. »

Ludwig Wittgenstein (1889-1951), Tractatus logico-philosophicus [5]

Ludwig Wittgenstein fut peut-être le philosophe le plus énigmatique du XXe siècle. Cette injonction, qui clôt son *Tractatus logico-philosophicus*, a des résonances quelque peu mystiques. Et pourtant, elle parachève un ouvrage qui se présente comme un traité de logique.

C'est que Wittgenstein distingue radicalement les énoncés qui prétendent décrire le monde et ceux qui expriment des valeurs. Les premiers, tels les énoncés scientifiques, sont soumis à des règles strictes de construction afin de décrire des états de choses possibles. Ils peuvent être vrais ou faux. Les seconds, en revanche, n'ont aucune valeur de vérité, car ils ne correspondent à rien de réel. Les jugements moraux, par exemple, ne décrivent pas les caractéristiques du Bien puisque celui-ci n'est pas un objet du monde. Ils manifestent plutôt ma volonté de donner telle ou telle forme à ma vie. Pour Wittgenstein, ces jugements sont donc des pseudo-énoncés : ils tentent d'exprimer quelque chose mais ne peuvent, par nature, jamais rien « dire » de la réalité.

Pour autant, le philosophe autrichien ne condamne nullement l'éthique ou les questions existentielles, qui demeurent fondamentales à ses yeux. Il revendique seulement, au nom de la rigueur philosophique, le silence sur l'ineffable. Puisque le langage ne doit pas violer les règles qui lui permettent de faire sens, il ne reste qu'à se taire sur ce dont on ne peut parler. Ce qui vaut également pour son propre ouvrage, lequel se conclut sur une sorte d'autodestruction.

5. Gallimard, 1961, § 7, p. 107.

Pour autant, le silence ne s'oppose pas nécessairement à la parole. Certains silences sont éloquents, et si d'autres le sont un peu moins, c'est qu'ils doivent convoquer les mots pour se faire entendre :

« Le langage réalise en brisant le silence ce que le silence voulait et n'obtenait pas. »

Maurice Merleau-Ponty

Pour prolonger la réflexion...

Hagège C., *L'Homme de paroles*, Gallimard, 1987.
Lestel D., *Paroles de singes*, La Découverte, 1995.
Merleau-Ponty M., *La Prose du monde*, Gallimard, 1992.
Platon, *Cratyle*, Garnier-Flammarion, 1993.
Romilly J. (de), *Les Grands Sophistes dans l'Athènes de Périclès*, Livre de Poche, 1992.

Chapitre 6

Vérité et connaissance

« Le bon sens est la chose du monde la mieux partagée. »

René Descartes, Discours de la méthode [1]

L'affirmation inaugurale du *Discours de la méthode*, rédigé de manière inédite en français (1635), semble flatter le lecteur en reconnaissant à chacun la possession égale de la raison : nul ne peut se prévaloir d'une intelligence supérieure, pas plus une élite intellectuelle que l'autorité de la tradition philosophique.

Toutefois, la satisfaction est de courte durée, car Descartes précise immédiatement que *« ce n'est pas assez d'avoir l'esprit bon mais le principal est de l'appliquer bien »*. La possession du bon sens, ou faculté de juger, ne saurait se contenter d'elle-même. À l'inverse, une telle suffisance la conduirait à se fourvoyer dans la facilité du préjugé, ou à être trompée par les charmes du vraisemblable. C'est pourquoi l'ouvrage, en retraçant l'itinéraire intellectuel de son auteur, est autant le récit de ses erreurs que l'exposé du chemin pour s'assurer du vrai. Chacune des règles que Descartes y propose définit simultanément une recommandation et un danger à éviter. Simples et efficaces, elles sont destinées à guider notre raison grâce au modèle mathématique fondé sur des idées parfaitement claires et distinctes.

Le droit de penser par soi-même ne permet donc pas de légitimer toutes les opinions. La formule de Descartes doit essentiellement s'entendre comme une mise en garde destinée à tous ceux qui s'engagent à rechercher la vérité. Car il serait bien présomptueux de croire qu'émettre un avis, même fondé sur le « bon sens », suffit à le justifier !

1. Garnier-Flammarion, 1966, Première partie, p. 33.

> *Un grand moraliste contemporain de Descartes ironisait également sur cette incorrigible prétention des hommes à détenir la pleine faculté de juger :*
>
> *« Tout le monde se plaint de sa mémoire, et personne ne se plaint de son jugement. »*
>
> *François de La Rochefoucauld*

« Le cœur a ses raisons que la raison ne connaît point. »

Blaise Pascal, Pensées [2]

Les esprits scientifiques n'acceptant que ce qui se prouve voient le plus souvent dans le cœur un organe déraisonnable. Mais s'il est étranger aux recommandations de la raison, le cœur est-il pour autant dénué de toute logique ?

Selon Pascal, le cœur et la raison sont deux sources à part entière de la connaissance. Par « cœur », il faut entendre le siège des sentiments et le lieu de l'intuition, grâce à laquelle certaines vérités nous sont données immédiatement, sans preuve. La raison, pour sa part, articule de longues chaînes démonstratives. Ces deux dimensions se complètent donc plus qu'elles ne s'opposent, puisque *« les principes se sentent, les propositions se concluent, le tout avec certitude »*. Toutefois, Pascal ne les place pas sur un pied d'égalité. Les productions de la raison, en effet, trouvent leur source ultime dans le cœur, car les premiers fondements de la connaissance (comme l'espace ou le temps) s'appréhendent par l'intuition. Autrement dit, dans la recherche de la vérité, face aux certitudes instinctives offertes par le cœur, la raison doit s'incliner en reconnaissant sa finitude.

2. Garnier-Flammarion, 1976, § 277, p. 127.

L'erreur serait de tout inverser : d'exiger de l'entendement qu'il sente alors qu'il ne peut que raisonner, ou d'imposer au cœur qu'il démontre des vérités dont il n'a qu'une intuition ! C'est pourquoi aucune démonstration, si rigoureuse soit-elle, ne saurait convaincre d'aimer ou justifier le sublime du sacrifice envers autrui. L'amour et les vertus sont rendus sensibles au seul cœur qui reconnaît par lui-même leur irréductible vérité.

> *Serions-nous généreux ou amoureux sans les illusions inévitables de nos sentiments ? Privilège ultime de notre organe de vie, selon Fontenelle :*
>
> *« Le cœur est la source de toutes les erreurs dont nous avons besoin. »*

« Ce que nous appelons apprendre est une réminiscence. »

Platon, Ménon [3]

Cette formule répond au paradoxe suivant : comment peut-on désirer connaître ce que l'on ignore ? De fait, ne faut-il pas en avoir une certaine connaissance préalable pour être à même de le rechercher, et de le reconnaître une fois que nous l'avons trouvé ?

La réponse que Platon prête à son maître Socrate est que nous n'ignorons jamais complètement, car l'âme possède des connaissances latentes qu'il lui faut réactualiser. De sorte qu'apprendre est une réminiscence, consistant à se ressouvenir de ce que nous avons oublié. Cette thèse est illustrée par l'exemple d'un jeune esclave inculte que Socrate conduit, par une série de questions, à la découverte de la méthode mathématique du doublement de la surface d'un carré. Tout

3. Garnier-Flammarion, 1993, 81d, p. 153.

se passe comme si, éveillée par l'interrogation, l'âme de l'ignorant déployait ses virtualités innées et recouvrait alors la mémoire d'un savoir enfoui.

Cette thèse peut laisser sceptique en ce qu'elle suppose que l'âme est immortelle, et, qu'avant de s'incarner dans un corps, elle a contemplé des vérités éternelles qui lui ont laissé une empreinte. On peut néanmoins reconnaître que le savoir ne se réduit pas à l'accumulation de connaissances et fait appel à la mobilisation de notre puissance de comprendre. Dans ce cas, la réminiscence ne désignerait pas un simple exercice de remémoration, mais évoquerait plutôt le devoir d'apprendre par nous-même en cherchant au fond de notre âme les moyens de parvenir au vrai.

> *Dans l'histoire de la philosophie, cette thèse fut combattue par la tradition « empiriste », selon laquelle les idées n'ont justement rien d'inné, mais sont au contraire issues de perceptions sensibles. Principe résumé par saint Thomas d'Aquin en une formule célèbre :*
>
> *« Rien n'est dans l'esprit qui n'ait d'abord été dans les sens. »*

« La volonté de vérité pourrait être secrètement une volonté de mort. »

Friedrich Nietzsche (1844-1900), Le Gai Savoir [4]

La connaissance se prétend vouée à la recherche du vrai dans le but d'améliorer notre sort. Pourtant, Nietzsche soupçonne que la nature réelle de cette volonté est à l'inverse un désir de mort. Comment la vérité peut-elle être au service du refus de l'existence ?

4. Gallimard, 1982, § 344, p. 240.

La vérité n'est pas qu'une propriété du savoir, elle procure également des avantages pratiques. Déclinée en science, elle rassure en dévoilant la régularité des lois qui gouvernent le monde sous la multiplicité des phénomènes. Posée en commandement moral, elle nous protège de la tromperie des hommes par la valorisation des vertus de sincérité et de véracité. Ainsi, la volonté de vérité, en condamnant les apparences et en interdisant le mensonge, est le symptôme d'une volonté sous-jacente, un projet d'ordre et de clarté. Or cette tendance n'aboutit-elle pas au refus du monde et de l'existence tels qu'ils sont ? En effet, il nous faut, selon Nietzsche, reconnaître que la vie est un chaos d'illusions, sources d'aveuglements sur soi, sur autrui et sur le monde. Nier et déprécier cette réalité au nom de valeurs supérieures trahit une hostilité à l'égard de la vie et, en cela, s'apparente à une secrète volonté de mort.

Vivre, au contraire, exige que l'on renverse l'ordre des valeurs en acceptant le caractère irréductible du mensonge et de la tromperie. S'en réjouir et en jouer par la création artistique, faire de l'illusion un pouvoir vital au service d'une action débarrassée de toute crainte, tel est pour Nietzsche la marque d'une saine volonté.

> *Ne perdons pas de vue que le goût de la vérité est sans doute un produit de la civilisation. Comme le notait déjà Hegel :*
>
> *« Presque rien n'est plus inconcevable que l'avènement d'un honnête et pur instinct de vérité parmi les hommes. »*

« ... Nous devons demeurer sans opinion, sans inclination, sans agitation. »

Pyrrhon (~360-~270 av. J.-C.) [5]

On sait peu de chose de Pyrrhon d'Élis, sinon qu'il est tenu depuis longtemps pour l'inspirateur du scepticisme. Il s'interrogeait sans cesse : les choses sont-elles en réalité telles qu'elles nous semblent ? Nous constatons qu'elles apparaissent différemment selon l'espèce à laquelle nous appartenons (les animaux n'ont pas les mêmes sensations), mais aussi selon notre tempérament (les hommes n'éprouvent pas tous du plaisir dans des activités identiques), notre état du moment (nous ne percevons pas les mêmes choses selon que nous sommes joyeux ou tristes) ou encore notre culture (nos croyances varient selon notre éducation). Cela fait beaucoup ! Comment, dès lors, décider qui a raison, au nom de quoi et à quel moment ?

Les sceptiques anciens ou « pyrrhoniens » en déduisaient, à la suite de leur maître, que c'était impossible. Et que cette incertitude devait nous contraindre à la seule position honnête qui soit : l'abstention du jugement. Acceptons ce que nous sentons, disaient-ils, puisque nous ne pouvons rien changer au fait que les choses nous paraissent ainsi. Mais n'affirmons ni ne nions quoi que ce soit, car nous sommes incapables de nous prononcer sur la réalité.

D'où, chez ces sceptiques, une attitude de vie qui refusait toute vérité dogmatique, ainsi que l'agitation particulière propre à celui qui prend parti. Ce *« doute suspensif »*, ce désengagement, leur semblait tout simplement être le meilleur gage de la tranquillité d'esprit.

5. Cité in Eusèbe de Césarée, *Préparation évangélique*, XIV, 8, 2.

Mais si le doute sceptique se justifie, peut-il venir à bout de notre désir de vérité ? Pascal résume le tiraillement auquel nous pouvons être en proie :

« Nous avons une impuissance à prouver, invincible à tout le dogmatisme. Nous avons une idée de la vérité, invincible à tout le pyrrhonisme. »

« Connais-toi toi-même. »

Socrate (470-399 av. J.-C.)

La maxime la plus célèbre de Socrate est extraite d'une inscription gravée au fronton du temple d'Apollon à Delphes, qui exhortait les voyageurs à l'humilité. Elle a traversé les siècles et s'accorde aujourd'hui à l'air du temps, puisque nous avons tendance à y voir une invitation à l'introspection (ou, peut-être même, au « développement personnel »). Pourtant, elle constituait aux yeux de Socrate un principe de morale plus que de psychologie.

Pour le philosophe grec, le vice et le malheur dérivent le plus souvent d'une ignorance de soi. Il faut donc s'efforcer d'amener les hommes à comprendre réellement ce qu'ils sont si l'on souhaite les conduire au bonheur et à la vertu. Pour cela, Socrate aide ses interlocuteurs à s'interroger sur leurs propres qualités et à chercher des définitions susceptibles de déchiffrer le sens véritable de leurs actions. Seul celui qui sera ainsi instruit de lui-même cherchera à acquérir ce qui lui manque et s'abstiendra d'entreprendre ce qui est au-dessus de ses capacités. L'observation critique de son être le rendra capable de modérer ses plaisirs, de se suffire à lui-même et surtout… de se garder du mal. N'y succombent en réalité, pour Socrate, que ceux qui en ignorent la véritable nature et pensent en tirer profit. S'ils le connaissaient, comment pourraient-ils le désirer puisqu'il rend malheureux ?

Il n'est donc pas question d'égocentrisme ou de narcissisme dans cette fameuse injonction. La connaissance de soi est la condition fondamentale de la sagesse, de la liberté et de la vertu. Elle fut pour Socrate et demeure jusqu'à aujourd'hui au cœur de la philosophie.

> *Mais qui peut s'enorgueillir de se connaître parfaitement ? Rappelons l'exclamation du plus célèbre des critiques littéraires du XIXe siècle :*
>
> *« Combien de gens meurent avant d'avoir fait le tour d'eux-mêmes ! »*
>
> *Charles Augustin Sainte-Beuve*

Pour prolonger la réflexion...

Détienne M., *Les Maîtres de la vérité*, La Découverte, 1990.
Hume D., *Enquête sur l'entendement humain*, Garnier-Flammarion, 1983.
Nietzsche F., *Crépuscule des idoles*, Gallimard, 1974.
Pascal B., *De l'esprit géométrique*, Garnier-Flammarion, 1985.
Platon, *Ménon*, *Gorgias*, Garnier-Flammarion, 1991.

Chapitre 7

La science

« La nature ne fait rien en vain. »

Aristote, Génération des animaux [1]

La question de la constitution du vivant n'a cessé de préoccuper Aristote. Le tiers de ce qui subsiste de ses œuvres appartient à ce qu'on appellerait aujourd'hui la biologie. Et pourtant, sa célèbre formule est souvent considérée comme typique de la pensée préscientifique.

Le philosophe grec s'efforce de démontrer que les êtres vivants se comprennent, comme toute chose, par la raison. Loin d'être accidentelle, leur constitution révèle un ordre, une organisation structurée qui peut faire l'objet d'une connaissance rigoureuse. Ainsi chaque corps est un agencement d'organes qui accomplissent des fonctions précises et dont aucun ne contient d'éléments superflus. La sagesse de la nature se montre même justement à travers l'économie des moyens dont elle fait preuve. Les poissons, par exemple, ont un système de refroidissement par branchies, bien plus judicieux dans l'eau que ne le serait un système de refroidissement par poumons.

Mais de la rationalité de la nature à sa perfection, il y a un pas qu'Aristote franchit avec audace… ou naïveté. En recherchant la raison d'être de toute chose, on le surprend souvent à introduire une finalité non vérifiée. Certes, il n'affirme nullement que tout fut agencé par un Dieu architecte, mais il n'en conclut pas moins que les plantes existent en vue des animaux et les animaux eux-mêmes en vue de l'homme (pour sa nourriture, ses habits, etc.). Position avec laquelle, comme on le sait, la biologie moderne a singulièrement pris ses distances.

1. Les Belles Lettres, 1961, Livre II, chap. 5, 741b, p. 74.

L'introduction d'une finalité biologique, ou « finalisme », fut par exemple rejetée avec force par le physiologiste français Claude Bernard :

« Il n'y a rien dans la loi de l'évolution de l'herbe qui implique qu'elle doit être broutée par l'herbivore ; rien dans la loi de l'évolution de l'herbivore qui indique qu'il doit être dévoré par un carnassier ; rien dans la loi de la végétation de la canne qui annonce que son sucre devra sucrer le café de l'homme. »

« Ce livre immense (...) je veux dire l'Univers (...) est écrit en langue mathématique. »

Galilée (1564-1642), L'Essayeur [2]

Galilée est l'une des figures emblématiques de la révolution scientifique moderne, révolution aussi bien conceptuelle que technologique. Le physicien italien découvrit certaines lois essentielles, comme celle de la chute des corps, mais son œuvre reflète surtout un nouveau principe d'intelligibilité du monde.

Songeons que la conception médiévale du Cosmos reposait sur une organisation hiérarchique dans laquelle chaque élément possédait sa place et sa fonction. Les nouvelles découvertes de la physique suggèrent un ordre fondé sur d'autres principes : ce sont désormais des lois mathématisées qui unifient la multiplicité des phénomènes. Or, une telle approche ne rend le monde compréhensible qu'à la condition d'en

2. « La philosophie est écrite dans ce livre immense perpétuellement ouvert devant nos yeux – je veux dire l'Univers, mais on ne peut le comprendre si l'on n'apprend pas d'abord à connaître la langue et les caractères dans lesquels il est écrit. Il est écrit en langue mathématique et ses caractères sont des triangles, des cercles, et d'autres figures géométriques sans l'intermédiaire desquelles il est humainement impossible d'en comprendre un seul mot. » Les Belles Lettres, 1989, p. 141.

connaître la langue, justement celle des mathématiques. À commencer par l'algèbre et la géométrie.

L'histoire de la physique a donné raison à Galilée : les mathématiques sont demeurées l'outil par excellence de l'exploration de la nature. Est-ce dans ce passage des qualités aux quantités, des phénomènes concrets aux froides abstractions chiffrées, que commence le « désenchantement » scientifique du monde ? Précisons pourtant qu'au XVIIe siècle, l'aventure de la connaissance est encore pétrie de mysticisme. Aux yeux de Galilée, le grand livre de la nature est le pendant d'un autre livre divin – la Bible. Et tout comme il convient à un homme pieux d'interpréter les Saintes Écritures, il lui revient désormais de déchiffrer les rapports numériques cachés derrière les choses.

> *L'enthousiasme de Galilée montre qu'on ne saurait opposer de façon simpliste science et religion. Souvenons-nous du mot prêté à un autre grand scientifique, Louis Pasteur :*
>
> *« Un peu de science éloigne de Dieu, beaucoup y ramène. »*

« Le soleil ne se lèvera pas demain. »

David Hume (1711-1776), Enquête sur l'entendement humain [3]

Cet énoncé, ajoute immédiatement David Hume, *« n'est pas moins intelligible et n'implique pas plus de contradiction que l'affirmation : il se lèvera »*. Car le philosophe écossais n'est pas fou, il affirme seulement que le fait que le soleil se lève n'est pas plus une nécessité logique que le fait qu'il ne se lève pas. Mais alors, pourquoi le lever du soleil serait-il un phénomène hypothétique ?

3. Aubier, 1947, Section IV, p. 71.

Pour un penseur empiriste tel que Hume, la connaissance du monde dérive du témoignage de nos sens. Lorsque des phénomènes se reproduisent de façon régulière et semblable, notre raison, habituée à en faire l'expérience, leur attribue une nécessité logique. Mais il s'agit d'une vue de l'esprit : nous ne pouvons être absolument certains qu'un phénomène qui s'est produit des milliers de fois dans le passé se reproduira à l'avenir. La répétition d'une expérience vécue ne peut pas fournir une certitude du type de celles que nous obtenons en mathématiques. Autrement dit, une accumulation de faits particuliers ne permet jamais d'établir une loi universelle.

On ne saurait confondre la critique rigoureuse de Hume avec un rejet de la connaissance scientifique. Il ne s'agit pas de présenter le lever du soleil comme douteux ; Hume le considère au contraire comme un fait extrêmement probable. Mais son analyse nous indique que, faute de pouvoir accéder à la nature profonde des choses, nous ne devons pas prendre nos jugements sur les faits pour des vérités absolues. En toute rigueur, il n'y a tout simplement pas de contradiction logique à affirmer que le soleil ne se lèvera pas demain.

> *Deux siècles plus tard, un autre philosophe britannique se fera l'écho de cette incertitude, par le biais d'un trait d'humour pénétrant :*
>
> *« L'homme qui a nourri le poulet chaque matin arrive finalement pour lui briser le cou, preuve qu'une conception plus fine de la régularité de l'univers eût été utile au poulet. »*
>
> *Bertrand Russell*

« Toute "bonne" théorie scientifique consiste à (...) interdire à certains faits de se produire. »

Karl Popper (1902-1994), Conjectures et réfutations [4]

Karl Popper est l'un des philosophes des sciences les plus célèbres. En 1919, dans la Vienne de l'après-guerre, il pense percevoir la spécificité des théories scientifiques. Est-ce que, comme on l'affirmait déjà à l'époque, elles sont tout simplement les mieux vérifiées ?

Pas tout à fait. Pour Popper, le progrès des sciences se poursuit sans fin depuis des siècles. Toute théorie, même la mieux validée par l'expérience, ne représente au fond que l'état des connaissances à un moment donné. La science n'offre pas, en ce sens, de vérité absolue. En revanche, il est indéniable qu'elle permet d'écarter définitivement certaines conceptions erronées en leur infligeant un démenti expérimental. C'est pourquoi le véritable scientifique n'est pas tant celui qui cherche à confirmer ses propres hypothèses que celui qui s'emploie à les réfuter ou, comme le dit Popper, à les « *falsifier* ». Non par masochisme, mais parce que c'est justement ainsi que progresse la science : en s'exposant sans cesse au risque d'être récusée par l'expérimentation. Ainsi, plus une théorie affirme que certains faits sont impossibles, plus elle prend de risques et peut donc être considérée comme scientifique !

La pire des « sciences » serait sans doute à ce compte l'astrologie. Beaucoup d'astrologues s'ingénient en effet à faire des prédictions tellement vagues qu'elles ne risquent jamais d'être contredites par l'expérience. Grâce à ces déclarations « infalsifiables », ils n'interdisent finalement aucun avenir ! Exactement ce qu'un bon scientifique, selon Popper, ne devrait jamais faire...

4. Payot, 2006, p. 64.

Une telle conception de la science nous engage à faire de l'erreur non pas le contraire de la vérité, mais plutôt une étape vers celle-ci. La remarque lapidaire du philosophe Alain prend dès lors sens :

« Toutes nos vérités sont des erreurs redressées. »

« La science ne pense pas. »

Martin Heidegger (1889-1976), Qu'appelle-t-on penser ? [5]

Martin Heidegger, philosophe aux engagements politiques controversés, interroge ici les fondements mêmes de la science. Celle-ci accède à des vérités fiables, mais est incapable de découvrir son propre principe. La physique, par exemple, a beau nous offrir les lois de la nature, elle ne peut selon Heidegger définir ce qu'est l'espace ou le temps, ni éclairer ses propres présupposés. Pourquoi ?

Au cœur de la science gît, selon Heidegger, un oubli majeur : en traitant toute chose comme objet de connaissance, elle appréhende le réel tel qu'il est et se prive de comprendre ce par quoi il est. Pour cela, il faudrait qu'elle puisse s'interroger sur l'Être. Mais ce type de question, propre à la métaphysique, est par définition jugé oiseux. Se demander pourquoi il y a quelque chose plutôt que rien serait immédiatement considéré comme dénué de valeur scientifique. Alors que « penser », pour Heidegger, signifie justement se tenir dans le sillage de ces questions premières. La science, par nature, est donc incapable de penser, c'est-à-dire d'offrir à l'homme un éclairage profond sur l'Être.

5. PUF, 1967, p. 157.

Pourtant c'est là aussi, ajoute Heidegger, le gage de son succès. Car, engagée dans un vaste projet calculatoire, la science peut conquérir la nature sans se préoccuper de ce qui se dérobe à son enquête. Une fois que les choses sont traitées de façon objective, le monde gagne en lisibilité. Ainsi, plus la science se spécialise, plus elle devient à la fois efficace... et oublieuse des questions ultimes. En somme, moins elle pense, et plus son emprise se déploie sur le monde !

> *Dans cette optique, pourquoi la connaissance scientifique, si rigoureuse, nous laisse-t-elle souvent avec un sentiment de vide intérieur ? Peut-être parce que, selon le mot de Maurice Merleau-Ponty :*
>
> *« La science manipule les choses et renonce à les habiter .»*

« Les mathématiques peuvent être définies comme le domaine dans lequel on ne sait jamais de quoi l'on parle, ni si ce que l'on dit est vrai. »

Bertrand Russell (1872-1970), Mysticism and Logic [6]

Il n'y a, dans cette formule, aucun mépris des mathématiques. Russell est mathématicien autant que philosophe. À sa manière toute britannique, il rappelle ce que les développements des mathématiques pures n'ont cessé de confirmer depuis le XIXe siècle.

Les énoncés de cette discipline sont formulés en un langage symbolique qui élimine toute ambiguïté, mais rend les raisonnements exclusivement logiques, « formels ». Un mathématicien peut poursuivre des déductions en pensant à un certain triangle rectangle, mais son raisonnement vaudra de toute façon pour une infinité de triangles rectangles, et une infinité d'autres objets encore. De fait, il ne saura jamais quelles

6. Longmans Green, 1918, chap. 4.

sont toutes les choses à propos desquelles son raisonnement pourrait s'appliquer ! D'ailleurs, on peut aujourd'hui faire démontrer à un ordinateur des théorèmes simples, après lui avoir inséré en mémoire des règles de logique et des axiomes (c'est-à-dire des énoncés qui lui servent de point de départ). L'ordinateur sait-il pour autant de quoi il parle ?

Russell ajouterait qu'il n'est même pas nécessaire qu'il parle de quoi que ce soit. Car le raisonnement lui-même, s'il est cohérent, peut être correct alors qu'il ne s'applique à *aucun* objet réel. Les mathématiques pures peuvent donc se dispenser d'un lien avec la réalité, pourvu que leurs énoncés soient correctement démontrés. Derrière la boutade de Russell se cache ainsi une profonde leçon : pour atteindre leur rigueur sans égal, les mathématiciens ont renoncé en partie à l'idée de vérité comme adéquation au monde, pour se contenter de la *validité* formelle de leurs raisonnements.

> *Est-ce la raison du décalage entre les mathématiques pures et la réalité ? C'est en tout cas ce que suggère le plus célèbre des physiciens de XXe siècle :*
>
> *« Quand les mathématiques se réfèrent au réel, elles n'apportent pas de certitude, et quand elles apportent des certitudes, elles ne se réfèrent pas au réel. »*
>
> *Albert Einstein*

« La nature, nous l'expliquons ; la vie de l'âme, nous la comprenons. »

Wilhelm Dilthey (1833-1911), Le Monde de l'Esprit [7]

Wilhelm Dilthey s'est intéressé tout au long de sa carrière aux rapports entre sciences humaines (psychologie, sociologie, histoire...) et sciences de la nature (physique, chimie, biologie...). Faut-il considérer les premières comme des disciplines qui tentent de se hisser au niveau de rigueur des secondes, avec plus ou moins de succès ?

Loin s'en faut. Aux yeux de Dilthey, les sciences humaines doivent disposer d'une démarche appropriée à leur objet, l'esprit humain, et non importer passivement les méthodes des sciences de la nature. Il ne convient pas de forcer l'homme à entrer dans un cadre qui ne lui a pas été destiné. Les sciences de la nature ont en effet pour objet des phénomènes que l'on peut décrire et expliquer « de l'extérieur », objectivement. Les sciences humaines, en revanche, nous mettent aux prises avec les productions d'autres esprits que nous ne pouvons interpréter qu'en puisant dans notre propre subjectivité. Chez Dilthey, cela s'appelle « *comprendre* » : se représenter l'intériorité d'un autre être humain, à l'aide de signes extérieurs comme son comportement ou ses œuvres. Et c'est ce recours à l'empathie qui fait justement la spécificité des sciences humaines, ou « *sciences de l'esprit* ».

Par exemple, pour comprendre pourquoi Brutus a tué César, un historien devra sans doute tenter de se mettre à la place de Brutus, de se projeter en lui. Tandis que pour analyser une substance chimique, il va de soi que le chimiste n'aura pas besoin de s'identifier à elle. À l'exception, peut-être, de quelques illuminés...

7. Aubier, 1947, tome 1, p. 150.

Comment faisons-nous pour comprendre autrui à partir de son comportement extérieur ? Le philosophe espagnol José Ortega y Gasset témoigne à sa manière du mystère que recèle la connaissance d'un autre esprit :

« Sans vos gestes, j'ignorerais tout du secret lumineux de votre âme. »

Pour prolonger la réflexion...

Bachelard G., *La Formation de l'esprit scientifique*, Vrin, 1938.
Chalmers A., *Qu'est-ce que la science ? Popper, Kuhn, Lakatos, Feyerabend*, La Découverte, 1987.
Guedj D., *Le Théorème du perroquet*, Seuil, 1998.
Russell B., *Science et religion*, Gallimard, 1971.
Thuillier P., *D'Archimède à Einstein*, Fayard, 1988.

Chapitre 8

La philosophie

« Il disait (...) qu'il ne savait rien, sauf le fait de son ignorance. »

Diogène Laërce à propos de Socrate,
Vies et doctrines des philosophes illustres [1]

Socrate est souvent considéré comme le fondateur de la philosophie. De son vivant, l'Oracle de Delphes déclara qu'il était le plus sage d'entre les hommes. Et pourtant, Socrate n'a, semble-t-il, jamais rédigé la moindre doctrine. Dans les dialogues qui nous sont rapportés par son disciple Platon, il se contente d'interroger ses contemporains en leur montrant la vanité de leurs connaissances ou de leurs compétences. Lorsqu'il est, en retour, interrogé sur lui-même, il répond que tout ce qui le rend un peu plus sage que ses interlocuteurs est le fait d'être conscient de l'étendue de son ignorance. Faut-il prendre cette affirmation au sérieux ?

Oui, dans la mesure où la philosophie n'est pas une science ou un savoir clos. Elle questionne aujourd'hui comme hier les puissants et les savants, les doctrines et les opinions. Et pour interroger authentiquement, la première des conditions est de ne pas s'illusionner sur son propre savoir.

Non, dans la mesure où Socrate n'est pas si ignare qu'il le prétend. En réalité, son aveu se comprend aussi comme un trait d'ironie tactique. De quelqu'un qui affirme humblement ne rien savoir, on redoutera en effet moins les questions...

Reste que cela ne lui évitera pas la peine capitale. Accusé de répandre des idées vicieuses parmi la jeunesse – ce qui est un comble pour quelqu'un qui ne faisait que poser des questions – Socrate sera condamné à mort par le tribunal athénien.

1. Le Livre de Poche, 1999, Livre II, chap. 32, p. 239.

Cette déclaration d'ignorance, si importante soit-elle pour l'histoire de la philosophie, peut toutefois être envisagée sous un angle plus critique. L'interrogation de Paul Valéry en est l'illustration :

« La philosophie ne consiste-t-elle pas, après tout, à faire semblant d'ignorer ce que l'on sait et de savoir ce que l'on ignore ? »

« Si tu veux devenir philosophe, prépare-toi à être (...) raillé par la foule. »

Épictète (50-125), Manuel [2]

Cette recommandation est celle d'un homme averti : esclave affranchi, Épictète fut l'objet de moqueries. Comment pouvait-il se piquer d'être philosophe, ricanait-on, lui qui avait été asservi aux ordres d'un maître ? Mais si sa situation semble prêter à rire, n'est-ce pas également le cas de tous ceux qui souhaitent embrasser ce mode de vie ?

Le philosophe doit être prévenu qu'il passera pour ridicule, comme le veut la légende de Thalès, tombé dans un puits tandis qu'il observait le ciel. Reconnaissons que la contemplation peut détourner le penseur des exigences concrètes de l'existence, ses spéculations métaphysiques le rendant inapte à l'action. Ses ratiocinations apparaissent oiseuses à de nombreux auditeurs puisque bien souvent elles se concluent par un aveu d'ignorance. Et il arrive aussi qu'il se caricature par son arrogance, lorsqu'il emprunte la figure de l'iconoclaste ou de l'ironique qui tourne en dérision les illusions de son temps. Toutefois, les sarcasmes sont souvent le refuge de ceux dont les préjugés sont ébranlés. Épictète s'inspire ainsi du flegme de Socrate, qui ne s'est jamais formalisé d'être

2. In Arrien, *Manuel d'Épictète*, Le Livre de Poche, 2000, chap. XXII, p. 176.

baptisé du doux nom de taon, en écho au bourdonnement agaçant produit par ses questions !

Les railleries sont en réalité secondaires et masquent un problème plus profond : la rencontre entre le philosophe et le réel se fait sous le signe du décalage, non pas parce que le premier serait inapte au second, mais plutôt parce que la distance critique est la condition de la liberté de penser.

> *Cette liberté manifeste chez le philosophe la volonté de ne prendre pour guide que la raison, au risque de transgresser de nombreux conformismes. Comme l'indique Hegel :*
>
> *« La première condition de la philosophie est le courage de la vérité et la foi en la puissance de l'esprit. »*

« C'est l'étonnement qui poussa, comme aujourd'hui, les premiers penseurs aux spéculations philosophiques. »

Aristote, Métaphysique [3]

Sans curiosité, pas de connaissance. Les premiers philosophes grecs étaient ce que nous appellerions aujourd'hui des scientifiques. Soucieux de comprendre les phénomènes les plus concrets, ils s'efforçaient de substituer aux mythes de leur temps des explications rationnelles. Aristote, au IVe siècle avant notre ère, considère que la recherche philosophique est suscitée moins par un intérêt matériel que par un désir profond de comprendre le monde. Mais ce désir lui-même, d'où provient-il ?

Une telle quête ne peut avoir pour origine et pour condition qu'une stupeur devant le monde tel qu'il est. Pourquoi le ciel est-il bleu ? Pour-

3. Vrin, 1991, A, 2, 982b10, p. 9.

quoi n'y a-t-il que deux sexes ? Pourquoi les autres ne m'entendent-ils pas quand je pense ?... L'attention du philosophe est d'abord retenue par les choses les plus simples, toujours surprenantes pour autant qu'on accepte de ne pas seulement y chercher une utilité. Et la fécondité de la philosophie repose sur la *persistance* de cet étonnement, car c'est seulement en conservant cette sorte de non-adhérence au réel que le penseur demeure capable d'interroger authentiquement le monde. Contre la force de l'habitude, qui dissipe tout sentiment d'étrangeté et nous conduit à tenir le cours des choses pour nécessaire ou normal, contre cette accoutumance qui ensevelit toute chose sous l'asphalte de l'évidence, le philosophe affirme à sa manière la nécessité de maintenir un étonnement enfantin.

Le message d'Aristote reste moderne : si la première des soumissions intellectuelles est notre adhésion au « donné », le premier moteur de la recherche philosophique reste la surprise devant ce qui est.

> *Que cette capacité d'étonnement soit l'expression d'une disposition profonde ou au contraire le résultat d'un travail sur soi-même, sa persistance chez le philosophe reste elle-même assez énigmatique. Comme le remarque La Rochefoucauld :*
>
> *« On ne devrait s'étonner que de pouvoir encore s'étonner. »*

« Philosopher, c'est apprendre à mourir. »

Montaigne (1533-1592), Essais [4]

Face à l'inéluctable échéance de notre trépas, nous en venons à penser qu'il est le but de notre existence, comme si nous n'étions nés que pour mourir. Mais si indubitablement notre existence s'achève au tombeau,

4. PUF, 2004, Livre I, chap. 20, p. 81.

la mort n'en détient pas le sens car la vie est à elle-même sa propre fin. Ce qui importe est avant tout de vivre. Faut-il dès lors, au nom de cet impératif, nier que la mort nous guette et occulter la conscience de notre finitude ?

Au contraire, pour Montaigne, la philosophie recommande de se familiariser avec la mort. Ne serait-ce que pour apaiser la hantise de notre disparition, bien souvent plus angoissante que l'événement même du décès. *« Puisque nous ne savons où la mort nous attend, attendons-la partout »*, elle ne nous surprendra pas et nous partirons sans regrets. Seule une préparation conséquente à la mort peut nous fortifier et nous prémunir contre d'inutiles peurs et douleurs. Car que peut craindre celui qui va mourir ?

Apprendre à mourir n'est donc pas l'indice d'une existence accablée qui se résigne au désespoir, mais la conséquence d'une sagesse qui s'impose de bien vivre. Jouissons de chaque jour comme si c'était le dernier, recommande le philosophe, et disposons ainsi notre âme à renoncer aux vaines prétentions de la gloire pour se recentrer sur son bien propre. À l'heure où les débats sur l'acharnement thérapeutique divisent nos sociétés, qui refoulent l'angoisse de la mort dans l'espoir de progrès médicaux miraculeux, peut-être faudrait-il se mettre à l'écoute de la difficile leçon de Montaigne.

> *Montaigne se montre ici le digne héritier d'Épicure, dont la sagesse limpide a traversé les siècles :*
>
> *« Familiarise-toi avec l'idée que la mort n'est rien pour nous (...) car tant que nous existons la mort n'est pas, et quand la mort est là nous ne sommes plus. »*

« Ne pas railler, ne pas pleurer, ne pas haïr, mais comprendre. »

Baruch Spinoza (1632-1677), Traité politique [5]

Rien ne semble avoir de prise sur les hommes tourmentés par leurs affects. Le cynique raille leur prétention à gouverner leurs actions en prônant le mépris des valeurs. Le pessimiste s'en afflige et s'abandonne au désespoir. Quant au moraliste, maudissant notre impuissance à mener une existence vertueuse, il nous voue au malheur et à l'indignité.

Or, selon Spinoza, la satire, l'amertume et la colère sont des attitudes aussi inefficaces qu'illégitimes. N'est-ce pas en effet redoubler la souffrance des hommes que de les culpabiliser de ce dont ils sont déjà les victimes ? Au nom de quel idéal parfait de la nature humaine se donne-t-on le droit de les condamner ? La philosophie spinoziste propose de comprendre les hommes tels qu'ils sont et non de les évaluer au nom de ce qu'ils devraient être. Car juger les passions comme des vices ou en faire l'indice d'une nature humaine pervertie n'a pas de sens. Il faut plutôt œuvrer pour l'affranchissement de la servitude qu'elles induisent parce qu'avant tout elles produisent malheur et souffrance.

C'est, par exemple, en décryptant le mécanisme de l'envie, symptôme du mépris de soi, que l'on peut en déjouer les enchaînements malsains. Ainsi il deviendra possible de mettre la puissance de cette passion au service de la joie et de la réalisation de notre être. Si de telles affections, tristes ou malveillantes, sont le fait de l'humaine condition, elles ne sont donc pas pour autant inéluctables... ce que seule une raison dénuée de préjugés peut révéler.

5. Garnier-Flammarion, 1966, chap. 1, § 4, p. 12.

Rappelons que Spinoza, admirateur du mathématicien Euclide et de ses démonstrations imparables, avait entrepris de faire de l'existence humaine – passions y compris – un objet de savoir rigoureux :

« Je considérerai les actions humaines et les désirs comme s'il était question de lignes, de surfaces ou bien de corps. »

« Ce n'est qu'au début du crépuscule que la chouette de Minerve prend son envol. »

Georg Wilhelm Friedrich Hegel,
Principes de la philosophie du droit [6]

Nul philosophe n'a donné à la connaissance philosophique un rôle plus ambitieux que Hegel. Son système, en abordant tous les domaines du savoir et de l'expérience humaine, propose une explication totale du monde. Mais comment le philosophe, qui est fils de son temps, peut-il prétendre penser par-delà son époque et parvenir au savoir absolu ?

Minerve était la déesse grecque de la sagesse et de la connaissance. Sa chouette symbolise la philosophie. Or, cet oiseau ne prend son envol qu'à la tombée de la nuit. La philosophie, indique ici Hegel, ne peut donc se déployer qu'une fois le jour terminé, c'est-à-dire une fois achevée une séquence de la réalité. Il ne s'agit pas d'assimiler la philosophie à une activité nocturne et ténébreuse, mais d'affirmer qu'on ne peut saisir le réel et le reconstruire par la pensée qu'une fois que les processus historiques se sont accomplis. Incapable de s'exercer dans la simultanéité au monde, la philosophie serait ainsi condamnée au différé.

C'est également ce qui fait sa force. Car pour comprendre la signification profonde des événements historiques et les extraire du fouillis

6. Vrin, 1986, préface, p. 59.

aveuglant de l'actualité, le recul de l'« après-coup » est nécessaire. Par exemple, alors que les armées napoléoniennes avaient conduit des guerres à travers toute l'Europe, Hegel révéla que l'empereur parachevait sans le savoir la Révolution française, en diffusant ses principes et ses institutions à travers le continent. Révélation paradoxale ? Qui sait quelle lumière étrange le crépuscule offre à celui qui se montre patient...

> *Cette distance caractéristique de la philosophie pourrait toutefois s'apparenter aussi à un plaisir solitaire et narcissique :*
>
> *« La philosophie est à l'étude du monde réel ce que l'onanisme est à l'amour sexuel. »*
>
> *Karl Marx et Friedrich Engels*

« Il ne peut y avoir un système de l'existence. »

Søren Kierkegaard (1813-1855),
Post-scriptum aux Miettes philosophiques [7]

Kierkegaard a largement inspiré la philosophie existentialiste du XXe siècle. Décidé à rompre avec l'esprit de système propre à la pensée allemande de son époque, notamment celle de Hegel, il affirme avec force la primauté de la subjectivité.

Nombre de philosophes se fourvoient en effet aux yeux de Kierkegaard lorsqu'ils proposent des systèmes « totalisants ». Une chose essentielle échappe et échappera toujours à ces doctrines : l'existence humaine. Celle-ci n'est pas une simple donnée que l'on peut indifféremment

7. L'Orante, 1997, vol. I, p. 112.

combiner avec d'autres. Elle s'éprouve de façon individuelle et ne peut se comprendre que par elle-même. Comment un savoir pourrait-il se substituer à un événement de l'existence – une douleur, un besoin, une passion ? Le principe même d'un système consiste à traiter ses objets comme des éléments et à les enfermer dans un tout clos et définitif, un ordre éternel, alors que l'existence est par nature ouverte, en devenir, donc incomplète. Peut-être pourrait-elle être ainsi englobée sous l'œil divin, mais du point de vue humain, la penser en ces termes revient à nier sa singularité.

Kierkegaard n'abandonne pas pour autant toute recherche de la connaissance. L'existence est même selon lui un combat sans fin pour la vérité, mais un combat subjectif, personnel, toujours à poursuivre.

> *Avoir des réponses définitives sur toute chose, n'est-ce pas d'ailleurs la prétention par excellence de l'imbécile ?*
>
> *« La bêtise consiste à vouloir conclure. »*
>
> *Gustave Flaubert*

Pour prolonger la réflexion...

Aristote, *Métaphysique* I, Vrin, 1991.
Descartes R., *Discours de la méthode*, Garnier-Flammarion, 1966.
Nietzsche F., *Le Gai Savoir*, Gallimard, 1982.
Platon, *Apologie de Socrate*, Garnier-Flammarion, 1965.
Wahl J., *Introduction à la pensée de Heidegger*, Livre de Poche, 1998.

Troisième partie

La culture

Chapitre 9

Nature et culture

« L'homme est par nature un animal politique. »

Aristote, Les Politiques [1]

Certaines sociétés animales, telles les fourmis, ne cessent de nous étonner par la complexité de leur organisation. Disposent-elles toutefois de cette dimension politique en laquelle Aristote voit le propre de l'homme ?

Par « *politique* », il faut entendre ce qui se rapporte à la vie de la cité (*polis*). L'homme partage certes avec les animaux la nécessité d'une association grégaire pour assurer ses besoins et sa sécurité. Mais la cité humaine ne se déploie véritablement qu'une fois la subsistance garantie. Elle répond avant tout au projet de « bien » vivre collectivement, en fonction des règles de justice. Ce qui, selon Aristote, manifeste la vocation politique de l'homme est plus précisément la présence du *logos*, disposition à la parole et à la raison. Naturellement doté de cette faculté, l'homme peut élaborer avec ses semblables des normes qui régissent la vie en communauté. Celle-ci, en retour, a pour mission d'éduquer les citoyens à la vertu, en leur permettant de perfectionner leurs dispositions sociables par l'exercice d'une vie éthique.

C'est ainsi que pour Aristote, l'homme accomplit son humanité dans la cité, et celui qui en est exclu est un être soit dégradé (une bête), soit surhumain (un dieu). Il n'est donc pas étonnant qu'aux yeux d'un Grec, la plus indigne des condamnations judiciaires soit, non la mort, mais l'ostracisme, c'est-à-dire l'exclusion de la cité. Peut-il y avoir pire déchéance que d'être dé-politisé, c'est-à-dire « dés-humanisé » ?

1. Garnier-Flammarion, 1993, chap. 1, 1252c, p. 90.

Excepté l'homme, aucun être vivant ne semble s'étonner de sa propre existence. En réponse et en hommage à Aristote, Arthur Schopenhauer proposa ainsi une autre caractérisation célèbre de la singularité humaine :

« L'homme est un animal métaphysique. »

« Le barbare, c'est d'abord l'homme qui croit à la barbarie. »

Claude Lévi-Strauss (né en 1908), Race et Histoire [2]

Dans un texte qu'il rédige pour l'Unesco en 1952, l'anthropologue Claude Lévi-Strauss stigmatise l'« ethnocentrisme », c'est-à-dire la tendance qu'a chacun de faire de son propre groupe la référence absolue de tout jugement de valeur.

Cette attitude n'est-elle pas aussi vieille que le monde ? Les Grecs traitaient déjà de « barbares » tous ceux qui ne parlaient pas leur langue. Ce terme évoquait pour eux le chant inarticulé des oiseaux (caquetage, croassement...), c'est-à-dire un genre de vie animal. Chaque culture se plaît, de même, à se considérer comme dépositaire de la véritable civilisation et à renvoyer sans vergogne toutes les autres du côté de la sauvagerie. « Habitudes de primitifs ! », avons-nous tendance à penser lorsque nous sommes mis en présence de mœurs exotiques. Le paradoxe, remarque Lévi-Strauss, c'est qu'en refusant l'« humanité » à ceux qui nous paraissent sauvages, nous ne faisons que leur emprunter une de leurs attitudes les plus typiques. D'où cette situation absurde où chacun traite l'autre de barbare, en miroir... alors qu'une conception

2. Denoël, 1968, pp. 19-22.

réfléchie impliquerait de reconnaître la diversité des valeurs et des pratiques culturelles.

L'Occident s'est particulièrement illustré, il faut bien le reconnaître, en utilisant ce schéma ethnocentrique pour légitimer ses entreprises coloniales, souvent dévastatrices. Et pour cause : ne se permet-on pas d'être d'autant plus cruel avec d'autres êtres humains qu'on les considère comme « barbares » ?

> *Dans ses Lettres persanes (1721), Montesquieu avait illustré ironiquement le mélange de perplexité et de fatuité qui caractérise la méconnaissance des autres cultures :*
>
> *« Ah ! Ah ! Monsieur est Persan ? C'est une chose bien extraordinaire ! Comment peut-on être Persan ? »*

« Le premier être humain à avoir décoché à son ennemi une insulte plutôt qu'une flèche est le fondateur de la civilisation. »

Sigmund Freud,
Sur les mécanismes psychiques des phénomènes hystériques [3]

Aucun angélisme chez le fondateur de la psychanalyse : Freud inclut parmi les données primordiales de la nature humaine un fonds incompressible d'agressivité, que nous serions tous tentés d'assouvir aux dépens de notre « prochain ». Et c'est l'une des tâches principales de la culture que de limiter cette agressivité, ou du moins d'en réduire les manifestations. Mais comment ?

3. In *Gesammelte Werke* (Œuvres complètes), S. Fisher, tome 19, p. 192.

Aux yeux de Freud, ni la répression brutale de ces pulsions ni, à l'inverse, la promotion de l'amour ne sauraient être suffisantes. Il faut trouver des débouchés aux instincts asociaux, en les détournant de leurs buts primitifs vers des activités socialement acceptables. La violence doit donc être réorientée, en particulier à travers les ressources *symboliques* que nous offre le langage. L'insulte est un cas exemplaire : celui qui s'y est adonné sait qu'elle permet de décharger une certaine excitation intérieure et d'y trouver un plaisir sincère, tout en évitant le passage à l'acte. Ce qu'on observe chez un individu peut être étendu à la civilisation dans son ensemble. Ne constate-t-on pas que toutes les cultures possèdent des insultes... de même que tous les hommes possèdent en eux des instincts agressifs ?

Cette double universalité n'est sans doute pas le fruit du hasard. La domestication de la violence humaine, à la fois condition et produit de la culture, est pour Freud le résultat d'un détournement : ainsi les affrontements guerriers sont remplacés par des hurlements de supporters, les rixes de rues par des joutes oratoires et les coups de poing par des calomnies.

> *Nos plus proches cousins évoquent crûment l'animalité sauvage de nos origines. Le moraliste Cioran ne se prive pas de le rappeler :*
>
> *« Au Zoo. – Toutes ces bêtes ont une tenue décente, hormis les singes. On sent que l'homme n'est pas loin. »*

« On ne naît pas femme : on le devient. »

Simone de Beauvoir, Le Deuxième Sexe [4]

Cette célèbre déclaration ouvre le second tome du *Deuxième sexe* (1949). Avant de devenir la Bible du féminisme, l'ouvrage de Simone de Beauvoir choqua nombre d'esprits et fut même mis à l'Index par le Vatican. La philosophe y affirmait que la féminité n'est pas une donnée naturelle, mais un produit de la civilisation. Faut-il comprendre par là qu'on ne naît pas avec un sexe déterminé ?

Les différences biologiques sont indubitables, reconnaît de Beauvoir, mais elles ne suffisent pas à expliquer le statut de la femme dans nos sociétés, conséquence d'une longue éducation. On met, par exemple, entre les mains de la petite fille des poupées, on stimule sa coquetterie, on l'initie à la cuisine, on lui raconte l'histoire de tendres héroïnes qui attendent tout leur bonheur d'un amour masculin... et l'on voit rarement d'un bon œil qu'elle se montre hardie ou entreprenante. Bref, par une myriade de pressions et de dissuasions, insidieusement mais inéluctablement, on lui apprend à être plus douce et passive que ses frères. Plus tard, avec la puberté, de nouveaux yeux la suivront et l'inciteront à se faire objet de désir pour autrui. La féminité comme rôle social n'est donc pas dictée par un destin biologique : elle résulte en partie d'une construction culturelle, qui se maintient le plus souvent au détriment des femmes.

Nul fatalisme, pourtant, chez Simone de Beauvoir. Si l'« *éternel féminin* » est un mythe, cela signifie aussi que la femme est libre de refuser les rôles qui lui sont assignés. Et c'est précisément par la compréhension de

4. Gallimard, Folio Essais, tome II, p. 13.

l'origine sociale de sa condition qu'elle pourra réaliser son émancipation.

Simone de Beauvoir s'inspire de la déclaration du théologien carthaginois Tertullien (IIIe siècle ap. J.-C.) : « *On ne naît pas chrétien, on le devient.* » Qu'il s'agisse de christianisme ou de féminisme, la formule renvoie en définitive à la liberté humaine, capable de transcender les héritages sociaux.

« Nous sommes civilisés (...) mais nous sommes loin de pouvoir nous tenir pour déjà moralisés. »

Emmanuel Kant (1724-1804),
Idée d'une histoire universelle d'un point de vue cosmopolitique [5]

L'Occident observe souvent les mœurs exotiques d'un œil paternaliste. La proximité archaïque avec la nature, la faiblesse du développement technologique propre à ces sociétés évoquent pour nous l'humanité en son enfance, encore fruste et inculte. Mais si nous nous gaussons de notre évolution spectaculaire, celle-ci s'accompagne-t-elle nécessairement d'un perfectionnement moral ?

Kant admire l'essor des arts et des sciences, et il constate le subtil raffinement des manières au sein des noblesses occidentales. Pourtant, remarque-t-il, ce progrès ne doit rien à la morale, puisque c'est avant tout l'ambition ou le désir de gloire qui conduit les hommes à réaliser des prouesses. En outre, la politesse n'est jamais qu'un masque, qui permet de dissimuler sous l'élégance et la bienséance le désir de nuire. Enfin, l'accès au confort et l'étalage du luxe nous rendent plus indiffé-

5. Bordas, 1988, Septième proposition, p. 21.

rents les uns aux autres, et surtout plus envieux. Par conséquent, rien dans le développement de la civilisation n'indique qu'elle nous rendrait moralement meilleurs. Pire encore, elle pourrait nous en dispenser puisque les bonnes manières semblent suffire à la bonté !

Le philosophe allemand fait donc preuve d'une grande lucidité en pointant le décalage entre culture et vertu. L'homme primitif n'est pas un sauvage féroce qu'il faudrait éduquer, pas plus que l'homme moderne ne s'améliore en proportion de ses progrès technologiques. Ce sont d'ailleurs bien ces derniers qui permettent aujourd'hui d'engager des guerres « propres », comme si la précision des armes adoucissait la violence...

> *Le maître polonais de l'aphorisme, Stanislaw Lec, nous interpelle malicieusement à ce propos :*
>
> *« Quand un cannibale mange avec une fourchette et un couteau, est-ce un progrès ? »*

« L'homme est la mesure de toutes choses. »

Protagoras (~485-~411 av. J.-C.) [6]

Protagoras est un philosophe très ancien, antérieur à Socrate. Il ne subsiste de sa pensée que quelques fragments, dont cette phrase mystérieuse qui a suscité de nombreuses interprétations.

Il peut sembler que Protagoras ait voulu faire de la subjectivité humaine le critère de toute valeur : du vrai et du faux, du bien et du mal, du juste et de l'injuste, selon l'opinion de chacun. Mais il est impossible qu'un

6. Cité in Sextus Empiricus, *Against the logicians* (Contre les logiciens), 2005, Cambridge University Press, Livre I, 60, p. 14.

tel relativisme ait été érigé en doctrine. En effet, cela reviendrait à proclamer que n'importe quelle position est vraie, que toute chose et son contraire sont également acceptables. Suivant ce principe, on pourrait tout aussi bien affirmer le contraire de notre citation, à savoir que l'homme n'est pas la mesure de toutes choses ! Une telle interprétation nous conduirait ainsi rapidement à une insurmontable contradiction. Mais alors, que voulait dire Protagoras ? Plus vraisemblablement, que ce sont les conventions humaines et non la nature elle-même qui définissent nos valeurs. Les sociétés établissent en effet les normes de leur vie commune, de leur langage et de leurs pratiques. Pour déterminer le genre des mots (féminin ou masculin), par exemple, nous recourons moins à la nature qu'à la convention et l'usage.

Protagoras n'est donc sans doute pas le sceptique radical que l'on pourrait croire. Reconnaître que les valeurs sont le produit de décisions humaines n'implique pas qu'elles soient foncièrement arbitraires. Elles sont variables, certes, mais davantage selon les sociétés que selon les individus, et reconnaître leur diversité ne remet pas en cause leur sens.

> *Afin d'enrayer cette mobilité des conventions humaines, Platon revendique la nécessité d'un repère fixe susceptible d'ordonner notre savoir et nos existences. D'où sa réponse à Protagoras :*
>
> *« C'est Dieu qui est (...) la mesure de toutes choses. Et non point, comme certains l'affirment, tel ou tel homme. »*

Pour prolonger la réflexion...

Arendt H., *La Crise de la culture*, Gallimard, 1972.
Fraysse G., *Les Deux Gouvernements, la Famille et la Cité*, Gallimard, 2000.
Lévi-Strauss C., *Tristes tropiques*, Pocket, 2001.
Taguieff P.-A., *Face au racisme*, La Découverte, 1991.
Vigarello G., *Le Propre et le Sale*, Seuil, 1985.

Chapitre 10

La religion

« La volonté de Dieu, cet asile de l'ignorance. »

Baruch Spinoza, Éthique [1]

Le croyant habite un monde où chaque événement se déchiffre comme une conséquence de la toute-puissante volonté divine. Comment justifier dans ce cas que les malheurs s'abattent indifféremment sur les hommes, bons et mauvais ? Par quel mystère Dieu pourrait-il permettre de telles injustices ?

Les dévots répondent en invoquant l'impénétrabilité des intentions divines : la créature ne saurait discerner les desseins de son Créateur. Or Spinoza récuse cette thèse qu'il assimile à de la superstition, car rien dans le monde n'échappe à une explication rationnelle et tout phénomène peut se comprendre par l'élucidation de ses causes. C'est face à des phénomènes angoissants, comme une épidémie de peste, que la peur, avide d'explication rassurante, accepte toutes les réponses et convertit la foi en crédulité. Elle nous porte alors à interpréter la maladie, non comme un processus de contamination biologique, mais comme le signe d'un châtiment céleste. Pourtant, en nous réfugiant dans l'énigmatique volonté divine, nous ne faisons que camoufler notre ignorance. Plus grave, en justifiant ces divagations par la « volonté de Dieu », nous faisons de lui un être capricieux et contradictoire, ce qui le dessert au lieu de le glorifier !

C'est donc au nom du savoir et de la religion véritables que Spinoza dénonce les égarements de l'imagination superstitieuse. Mais cela le conduit à s'attirer les foudres des dignitaires religieux qui « *savent bien que détruire l'ignorance, c'est détruire l'étonnement imbécile, c'est-à-dire leur unique moyen (...) de sauvegarder leur autorité* »...

1. PUF, 1990, Partie I, appendice, p. 96.

Le silence divin s'accommode de toutes les interprétations et manipulations, ce que n'a pas manqué de remarquer Jean-Paul Sartre :

« Quand Dieu se tait, on lui fait dire tout ce qu'il veut. »

« La religion serait la névrose obsessionnelle universelle de l'humanité. »

Sigmund Freud, L'Avenir d'une illusion [2]

L'analogie que propose Freud est déconcertante. La névrose obsessionnelle est un trouble psychologique attribué au refoulement de certains désirs répréhensibles ou destructeurs. En quoi la religion serait-elle comparable à une telle pathologie ?

La psychanalyse constate que pour éviter de se sentir coupable de ses propres pulsions, ressenties comme menaçantes, ce type de « névrosé » multiplie les rituels. Il peut être, par exemple, obnubilé par le rangement des objets, leur symétrie ou encore leur propreté, qu'il vérifie régulièrement et méticuleusement. On le voit alors accomplir de véritables petits cérémonials pour conjurer ses angoisses, même s'il est conscient de l'absurdité de ces pratiques. Un tel système de protection ne rappelle-t-il pas certaines superstitions ou rites religieux traditionnels ? Le croyant, en effet, tend également à se protéger de risques, extérieurs cette fois : malheurs, cataclysme, mort... Freud suggère ainsi que la névrose obsessionnelle fonctionne comme une religion privée, le névrosé étant le prêtre de ses propres rituels. Et inversement, l'adoption d'une religion pourrait secourir un sujet exposé à de tels tourments... en le dispensant de se constituer une névrose personnelle ! Ce qui expliquerait l'universalité de la religion, sorte de névrose obsessionnelle partagée.

2. PUF, 1980, p. 61.

Par-delà son aspect provocateur, le propos nous rappelle que dans nos troubles psychologiques comme dans nos engagements religieux, les stratégies de défense engendrent des illusions qui menacent parfois de prendre le pas sur la réalité.

> *Infatigable défenseur des Lumières et pourfendeur de l'obscurantisme, Voltaire nous met justement en garde contre les dérives de la croyance :*
>
> *« La superstition est à la religion ce que l'astrologie est à l'astronomie ; la fille très folle d'une mère très sage. »*

« Dieu est mort ! Et c'est nous qui l'avons tué ! »

Friedrich Nietzsche, Le Gai Savoir [3]

La proclamation de Nietzsche retentit encore comme un cri d'une singulière violence. Mais pour un penseur qui n'a cessé de considérer l'homme comme un « fabricateur » d'idoles et de dieux fictifs, le sens d'une telle révélation peut sembler énigmatique. Comment tuer ce qui n'a jamais existé ?

C'est que la « mort de Dieu » symbolise, aux yeux du philosophe, moins le déclin des croyances religieuses que l'essor du nihilisme dont il est le contemporain. La morale lui semble en train de perdre ses fondements traditionnels et les hommes paraissent désorientés par la perspective de la destruction des valeurs. Or, pour Nietzsche, loin d'être une cause de désespoir, cette révélation fait partie du « *gai savoir* » qu'il préconise. La chute de l'idole suprême ne nous achemine pas vers le néant. Elle laisse plutôt espérer la fin de siècles de tourments psychiques imposés

3. Gallimard, 1982, Livre III, § 125, p. 150.

par le christianisme et la disparition des représentations de l'homme viciées par le monothéisme. En nous débarrassant des faux « au-delà » et des culpabilités illusoires, la chute du vieux dieu permet enfin d'inventer de nouvelles échelles de valeurs et de libérer les véritables potentialités humaines, en particulier artistiques.

L'avenir est ainsi radicalement ouvert, et un océan de virtualités s'offre à l'homme, délesté de la plus encombrante de ses fictions. On aura compris que l'événement de ce décès symbolique est pour Nietzsche à la fois décisif et profondément excitant.

> *Contrairement à Nietzsche, Voltaire considère l'athéisme comme dangereux. L'idée de Dieu lui paraît extrêmement utile à la société, parce qu'elle est un frein pour les criminels et une source d'espérance pour les hommes vertueux. D'où sa formule célèbre :*
>
> *« Si Dieu n'existait pas, il faudrait l'inventer ».*

« La religion est (...) l'opium du peuple. »

Karl Marx, Pour une critique de la philosophie du droit de Hegel [4]

Pour Marx, la religion est l'expression d'une détresse, le « *soupir de la créature opprimée* ». Elle promet un au-delà qui console les exploités de leur existence ici-bas. En quoi constitue-t-elle un obstacle au programme révolutionnaire du philosophe ?

Il se trouve que les croyances peuvent servir d'instrument de domination. La religion est souvent utilisée par le pouvoir comme un corset idéologique, facteur d'ordre et de stabilité. La promesse d'un autre

4. In *Œuvres*, Gallimard, Bibliothèque de la Pléiade, tome III, p. 383.

monde faite aux dominés est un cadeau empoisonné, un « opium » qui les plonge dans une forme de léthargie politique. Endormis et vaguement enivrés par les sermons des prêtres, ils entretiennent des rêves et des illusions infantiles. Sous l'effet d'un tel sédatif idéologique, ils sont enclins à la résignation au lieu de se consacrer à leur libération. Marx entend par conséquent combattre ce bonheur illusoire en arrachant aux chaînes de l'exploitation les fleurs imaginaires qui les recouvrent. « *Non pour que l'homme porte des chaînes sans fantaisie, désespérantes*, précise le philosophe, *mais pour qu'il rejette les chaînes et cueille les fleurs vivantes.* »

Loin d'être indispensable à la vie humaine, la religion serait donc le résultat de conditions sociales concrètes que l'on peut combattre. Toutefois, il convient moins de lutter contre la religion elle-même, affirme Marx, que contre une société qui n'offre pas d'autre échappatoire que la religion pour trouver un sens à la vie.

> *Marx ne fut pas le premier à voir dans la religion un sédatif. C'était déjà le cas du baron d'Holbach, philosophe athée du siècle des Lumières, dont la formule préfigure le projet marxiste :*
>
> *« Quand on voudra s'occuper utilement du bonheur des hommes, c'est par les Dieux du ciel que la réforme doit commencer. »*

« *Deus sive natura.* »

Baruch Spinoza, Éthique [5]

« *Dieu ou la nature* » : en quoi cette formule justifie-t-elle les virulentes attaques dont son auteur fut l'objet lors de la publication de l'*Éthique* (1671) ?

Spinoza n'invite pas au culte d'une quelconque divinité naturelle. Par « nature », il faut entendre la totalité organisée du monde et de ses lois. Dieu se confond avec l'univers infini, que Spinoza nomme « *substance* ». Assimiler Dieu au monde met donc en valeur sa toute-puissance : puisque rien n'échappe aux lois naturelles, tout ce qui existe découle de la substance divine. Mais cette définition interdit qu'on se l'imagine sous une figure particulière, douée de volonté et de projets. Par exemple, Dieu ne peut plus être une entité providentielle qui aurait créé le monde à l'intention des hommes et qui interviendrait dans leur existence. En définissant la divinité comme totalité englobante et en l'identifiant à la nature, Spinoza empêche toute projection anthropomorphique.

Et c'est tout le problème : cette « *substance* » impersonnelle et abstraite que décrit la philosophie spinoziste est un dieu qui n'entend pas les prières ou les suppliques qu'on lui adresse, qui ne sauve ni ne condamne personne, au point qu'on peut se demander ce qui lui reste comme attribut divin ! En décrivant ce dieu qui peut tout aussi bien être nommé nature et faire l'objet d'une compréhension rationnelle, Spinoza apparut inévitablement aux yeux de certains religieux comme un dangereux athée...

5. PUF, 1990, Partie IV, 4, démonstration, p. 229.

Les élucubrations anthropomorphiques n'offrent-elles pas en miroir le spectacle de nos travers ? C'est en tout cas la conviction de Voltaire :

« Si Dieu nous a faits à son image, nous le lui avons bien rendu. »

« Tout est pour le mieux dans le meilleur des mondes possibles. »

Gottfried Wilhelm Leibniz (1646-1716), Théodicée [6]

À la suite du *Candide* de Voltaire, c'est souvent sur un ton ironique que cette phrase est prononcée. Comment, en effet, face aux guerres et aux injustices, peut-on prétendre vivre dans le meilleur des mondes possibles ?

Pour un athée, l'existence du Mal, si elle est affligeante, est néanmoins compréhensible parce qu'elle relève des actions humaines. Rien ne l'empêcherait même d'en conclure cyniquement que nous avons construit le pire des mondes. Mais le croyant qui vénère un dieu bienveillant concilie difficilement le mal et la bonté divine. Par ce propos qui apparaît en substance dans son ouvrage, Leibniz s'engage donc à défendre la cause de Dieu. Recourant au calcul des probabilités, il démontre que Celui-ci, dans sa grande puissance, a conçu une infinité de mondes possibles, et qu'Il a choisi le nôtre en suivant le principe du meilleur. Ainsi, notre univers n'est pas le meilleur des mondes en soi. Mais, de tous ceux que Dieu aurait pu créer, celui qui nous est attribué est préférable aux autres... qui seraient pires !

6. « ... Et comme cette région immense des vérités contient toutes les possibilités, il faut qu'il y ait une infinité de mondes possibles, que le mal entre dans plusieurs d'entre eux, et que même le meilleur d'entre tous en renferme. C'est ce qui a déterminé Dieu à permettre le mal. » Garnier-Flammarion, 1969, Première partie, p. 117.

En d'autres termes, même le meilleur des mondes ne peut faire l'économie du mal. En tant qu'êtres doués de liberté, nous sommes faillibles et commettons le mal, par ignorance ou perversion. Mais cela, Dieu l'a prévu, et s'Il le permet, c'est que le mal est la condition du bien. Tout comme dans un tableau où les ombres rehaussent les couleurs, les maux de notre monde mettent en évidence le bien. Reste qu'il manque à l'esprit humain la vision totale dont jouit Dieu pour saisir que l'imperfection de quelques éléments ne détruit pas l'harmonie de l'ensemble...

> *« Harmonie » ? « Tableau » ? « Couleurs » ? Donnons pour conclure la parole à un autre créateur célèbre, expert en la matière :*
>
> *« Il ne faut pas juger le bon Dieu sur ce monde-ci, car c'est une étude de lui qui est mal venue. »*
>
> *Vincent Van Gogh*

Pour prolonger la réflexion...

Eco U., *Le Nom de la rose*, Grasset, 1985.
Eliade M., *Le Sacré et le Profane*, Gallimard, 1965.
Misrahi R., *Spinoza et le spinozisme*, A. Colin, 1999.
Spinoza B., *Traité théologico-politique*, Garnier-Flammarion, 1965.
Gauchet M., *La Religion dans la démocratie*, Gallimard, 1998.

Chapitre 11

L'art

« L'art n'a d'autre objet que d'écarter [...] tout ce qui nous masque la réalité, pour nous mettre face à la réalité elle-même. »

Henri Bergson, Le Rire [1]

Souvent les œuvres d'art nous fascinent par leur dimension imaginaire, lorsqu'elles inventent des univers utopiques ou merveilleux. Or, Bergson définit au contraire l'art comme ce qui donne accès à la réalité. En quoi serions-nous aveugles au monde et comment l'art pourrait-il restaurer notre clairvoyance ?

Selon Bergson, notre perception de la réalité est biaisée, orientée par nos besoins pratiques. Au lieu de nous laisser envahir par la richesse des images, des sensations et des sons que nous propose le monde, nous sélectionnons parmi ces impressions celles qui favorisent l'assouvissement de nos besoins. Ainsi, lorsque je remarque un compotier de fruits, j'y cherche la pomme la plus savoureuse pour contenter ma gourmandise. Mais Cézanne, lui, contemple ce compotier indépendamment de sa fonction, pour y saisir ce qu'il donne à voir : un ensemble de formes et de couleurs qui jouent dans la lumière d'un après-midi finissant. Lorsqu'il le peint sur sa toile, il restitue la réalité même de ce compotier, que nous avions négligée en concentrant notre regard sur ce qui nous intéressait. C'est en ce sens que l'artiste est capable de renouveler notre perception en levant le voile qui recouvre le monde, et c'est là, selon Bergson, l'ultime finalité des productions artistiques.

Nul besoin, en somme, d'attendre de l'art qu'il crée des univers fabuleux, puisqu'il lui suffit de se consacrer à la réalité pour parvenir à rendre étrange ce qui nous semblait si familier...

1. PUF, 1981, p. 116.

Si l'artiste peut se dispenser de créer des mondes imaginaires, n'en déduisons pas que sa création se limite à une simple imitation de ce monde-ci. Le principe formulé par le peintre Paul Klee prend ici tout son sens :

« L'art ne reproduit pas le visible, il rend visible. »

« Le beau est ce qui plaît universellement sans concept. »

Emmanuel Kant, Critique de la faculté de juger [2]

Nous sommes tous intrigués par les sentiments éprouvés devant la beauté d'un être ou d'un objet. Or, dans sa *Critique de la faculté de juger*, Kant propose une définition originale de la beauté, qui dépasse l'opposition traditionnelle entre l'objectif et le subjectif.

Affirmer qu'une chose est belle, indique Kant, ne peut être un jugement logique ou objectif, à l'instar des jugements scientifiques. L'expérience esthétique repose en effet, au moins en partie, sur notre sensibilité. Elle ne se tire d'aucun critère rigoureux ou concept. On ne peut donc pas démontrer qu'une œuvre d'art est belle ! Mais il ne convient pas non plus de réduire le beau à une appréciation exclusivement individuelle, subjective, comme le serait un jugement sensible (par exemple : « Je déteste tel aliment »). D'ailleurs, si j'ai trouvé une œuvre magnifique tandis que mon amie soutient qu'elle est horrible, je vais inévitablement défendre mon jugement et argumenter pour la persuader du contraire. *Comme si* la beauté était une caractéristique objective de l'œuvre.

2. Aubier, 1995, § 9, p. 198.

C'est là toute l'ambiguïté du « beau ». Il est, écrit Kant, une faveur faite à l'âme, qui se délecte de la contemplation d'un objet, et ce plaisir est théoriquement communicable à tous. Car bien que nous ne nous accordions pas, en général, sur la beauté ou la laideur des choses, nous prétendons tous que notre jugement dépasse notre individualité, en lui supposant ainsi une certaine universalité. Finalement, faute de concept, nous nous retrouvons sans savoir pourquoi égaux devant la beauté, comme nous le sommes devant la mort.

Énigmatique beauté qui peut également éclore des *Fleurs du mal* ! « Le beau est toujours bizarre », concluait le poète Charles Baudelaire, censuré pour avoir osé dévoiler cet étrange pouvoir.

« L'art est le grand stimulant de la vie. »

Friedrich Nietzsche, Crépuscule des idoles [3]

Dès son premier ouvrage, Nietzsche accorde à l'art un rôle prépondérant. Sa philosophie s'alimente de la certitude que les œuvres d'art, avant de constituer un patrimoine culturel, sont au service de notre énergie vitale.

L'artiste incarne, aux yeux du philosophe allemand, l'être libre et libérateur par excellence. Libre car, tout entier investi dans un processus créatif, il est dégagé des considérations morales. Libérateur, puisqu'il ouvre de nouveaux horizons et invite ses adeptes à emprunter, après lui, les chemins qu'il a explorés. Ses créations ne se limitent pas à des objets, mais ont d'abord pour fonction d'inventer des manières d'être inédites. De fait, l'art authentique propose des expériences qui ne vont pas sans

3. Garnier-Flammarion, 1985, « Flâneries inactuelles », § 24, p. 143.

douleur et c'est sans doute pour cette raison que le philosophe affectionne tout particulièrement la tragédie. Celle-ci nous plonge en effet dans ce que Nietzsche nomme le « *dionysiaque* », en écho au dieu grec de l'ivresse et de l'excès. Elle donne à voir la vie avec son cortège de souffrances, de cruautés et d'absurdités. Sa force est de révéler l'existence dans ce qu'elle a de plus terrible, non pour nous en dégoûter, mais pour nous porter à accepter qu'elle ne saurait être autrement… et qu'elle est hautement aimable pour cette raison.

L'art ne constitue donc pas pour Nietzsche un monde idéal ou une existence par procuration, il est au contraire ce qui galvanise notre vitalité. Affirmation lucide de l'existence, il l'exacerbe dans ce qu'elle a de créatif, d'ambivalent et d'excessif.

> *Mélomane distingué, Nietzsche attachait une importance toute particulière à la musique, et notamment l'opéra. Par son rythme, son souffle et ses transes, cet art constituait à ses yeux le langage intime du corps et de la vie :*
>
> *« Sans la musique, la vie serait une erreur. »*

« Le génie est la disposition innée de l'esprit par laquelle la nature donne ses règles à l'art. »

Emmanuel Kant, Critique de la faculté de juger [4]

Le « syndrome de Stendhal » désigne les troubles analogues à la crise subie par le célèbre écrivain lors de sa visite de Florence en 1817. La profusion des œuvres somptueuses offertes à la contemplation du spectateur l'ébahit au point qu'il manque de s'évanouir. Mais si l'on convient

4. Aubier, 1995, § 46, p. 293.

que le propre du génie est d'éblouir l'âme, comment expliquer l'origine de ce pouvoir ?

Selon Kant, l'artiste génial est un « *favori de la nature* », un être qu'elle a doué d'une telle puissance de création que ses œuvres sont absolument originales et imprévisibles. Lui-même ne peut ni enseigner ni analyser ce talent, puisqu'il s'agit d'un don inné dont il ignore le processus. C'est, au fond, la nature qui s'exprime au travers de son activité créatrice, de sorte qu'il en est paradoxalement le premier spectateur. Mais si ses œuvres, par leur caractère d'exception, transgressent les normes académiques, elles deviendront néanmoins une source d'inspiration pour ses successeurs. Chaque artiste devra ainsi se former au contact des grandes figures du passé, dont la faculté d'invention dote l'art, en quelque sorte, de modèles aptes à être pris pour « règles ».

> *Le génie ne se laisse donc reconnaître qu'après coup, lorsqu'une œuvre imprime une nouvelle direction à l'histoire de l'art. C'est sans doute la raison pour laquelle le spectateur ne saurait anticiper le bouleversement né de sa rencontre avec de telles productions. Face à elles, il ne peut que s'extasier de l'énigmatique expérience qu'elles insufflent à son âme.*
>
> *« Je ne cherche pas, je trouve. »*
>
> *Qui, mieux que le génial Picasso, est à même d'incarner cette spontanéité du don créatif ?*

« L'art est un anti-destin. »

André Malraux (1901-1976), Les Voix du silence [5]

Qu'est-ce qui nous plaît dans la fréquentation des musées et la contemplation d'œuvres du passé ? Serait-ce cette magie de l'art qui a pour vocation, selon les mots de Malraux, d'être un anti-destin ?

Les bas-reliefs d'Angkor ne nous attirent pas parce qu'ils témoignent d'une époque révolue ; à l'inverse, ils nous fascinent par leur dimension intemporelle. Non seulement nous ne pouvons les percevoir comme leurs contemporains, mais surtout leur valeur réside dans la part d'éternité qu'ils transmettent. En effet, la création artistique naît de la conscience que prend l'humanité de sa finitude, du caractère indépassable de cette mort qui rend dérisoire l'existence et la fige en destin. Chaque œuvre est ainsi l'expression d'une conscience qui lutte contre les effets destructeurs du temps. L'éternité du sacré dans les sculptures des temples grecs, l'immortalité de la beauté dans les visages de Michel-Ange incarnent ce combat et s'adressent justement à nous par les *« voix du silence »* qu'elles font résonner à travers les âges. En donnant à voir l'affrontement toujours renouvelé de l'homme avec sa condition, l'art s'impose donc comme un anti-destin.

Toutefois les œuvres sont éphémères, si bien que Malraux, promu ministre de la Culture, s'est investi dans l'édification de musées en lesquels il voyait un lieu de « résurrection ». Projet qui n'a de sens, précisons-le, que si les musées ne sont pas de vastes cimetières pour les œuvres d'art, mais offrent au contraire au visiteur l'occasion d'une rencontre vivante avec leur puissance d'émouvoir.

5. Gallimard, Bibliothèque de la Pléiade, 1952, Quatrième partie, chap. 7, p. 637.

Le dramaturge Luigi Pirandello espérait que la création artistique offre à l'homme les moyens d'une revanche sur le déterminisme social. Son œuvre met ainsi en scène le combat d'individus aux prises avec leur destin :

« L'art venge la vie. »

« Écrire un poème après Auschwitz est barbare. »

Theodor Adorno (1903-1969),
Prismes : critique de la culture et société [6]

Adorno est l'un des premiers philosophes à avoir pris la mesure du génocide juif d'un point de vue conceptuel. Dès les années d'après-guerre, alors que les rescapés font face à l'incompréhension et l'incrédulité générales, il saisit qu'il ne s'agit pas d'un événement funeste parmi d'autres, mais d'une rupture dans l'Histoire occidentale. Et il lance cette formule qui, aujourd'hui encore, interroge nos consciences.

Il n'est pas question pour le philosophe allemand d'affirmer que la poésie devrait désormais être interdite. De grands poèmes seront écrits après Auschwitz, et personne ne pourrait empêcher les poètes de créer, pas plus qu'on ne saurait prohiber le chant des oiseaux. Mais pour Adorno, l'extermination méthodique, administrative et industrielle des Juifs par une nation qui se situait à la pointe du « Progrès » signifie que la culture occidentale ne peut plus se poursuivre comme si de rien n'était. La poésie, en particulier, ne peut plus se contenter de produire des œuvres d'ornement, de divertissement ou même de consolation, sous peine de perpétuer implicitement la barbarie du génocide. L'art a désormais une profonde mission politique et morale : faire écho à

6. Payot, 1986, p. 23.

l'horreur suprême pour permettre de repenser l'avenir à la lumière de cette catastrophe.

En somme, Adorno ne préconise nullement de mettre fin à la création artistique. Au contraire, il considère que jamais la souffrance humaine n'a eu autant besoin d'œuvres d'art pour parler au nom de toutes les victimes tragiquement rendues au silence.

> *Au fond, l'art se fait l'écho de ce que l'horreur des camps ne put exterminer en dépit des moyens exorbitants mis en œuvre, à savoir l'« humanité de l'homme ». Ce que constate André Malraux, autre témoin des tragédies du siècle passé :*
>
> *« La vraie barbarie, c'est Dachau ; la vraie civilisation, c'est d'abord la part de l'homme que les camps ont voulu détruire. »*

Pour prolonger la réflexion...

Arasse D., *Histoires de peinture*, Gallimard, 2005.
Aristote, *Poétique*, Livre de Poche, 1990.
Baudelaire C., *Curiosités esthétiques*, Classiques Garnier, 1999.
Merleau-Ponty M., *L'Œil et l'Esprit*, Gallimard, 1964.
Mondzain A.-M., *L'Image peut-elle tuer ?*, Bayard, 2002.
Platon, *La République*, Livre X, Garnier-Flammarion, 1966.

Chapitre 12

Le temps et l'histoire

« Qu'est-ce donc que le temps ? Si personne ne me le demande, je le sais bien. Si je veux l'expliquer à quelqu'un qui le demande, je l'ignore. »

Saint Augustin (354-430), Confessions [1]

Étonnante question que se pose saint Augustin car si je sais ce qu'est le temps, pourquoi ne suis-je pas en mesure de le définir ?

Spontanément, nous dirions peut-être que le temps est lié au mouvement des astres. Mais une année n'est qu'une mesure du temps, non le temps lui-même, et si la terre cessait de tourner, le temps ne s'arrêterait pas pour autant ! Autre proposition : le temps serait le mouvement du passé et du présent vers l'avenir. Mais, objecte saint Augustin, le passé n'est plus, tandis que le futur n'est pas encore, c'est donc que seul le présent existe. Or qu'est-ce que le présent ? Est-ce ce jour-ci ? Nous ne pouvons prétendre que cette journée tout entière est « présente », car il n'y a guère qu'une seule minute qui le soit. Et encore... la minute en question est-elle le présent ? Pas davantage. On pourrait diviser le temps à l'infini, car n'importe quelle fraction de celui-ci comporte un commencement, déjà dépassé, et une fin, encore en attente. Est-ce à dire que le présent n'est qu'un pur point du temps, sans extension ? Impossible, car comment existerions-nous si nous étions rivés à un présent sans épaisseur, privés de souvenirs et de projets ?

Pourtant nous sentons bien que le temps existe, puisque nous vieillissons et jugeons qu'un moment de joie, par exemple, a été trop bref ou encore que l'ennui nous semble long. Comment, dès lors, résoudre ce mystère du temps ? Il faudra à saint Augustin la patiente méditation des *Confessions* pour venir à bout de cette profonde énigme.

1. Gallimard, 1993, Livre XI, chap. 14, p. 422.

S'il demeure insaisissable, le temps constitue néanmoins la trame de nos existences, qui reçoivent leur sens de la chronologie. C'est pourquoi Bergson, faute de définition stricte, propose du temps la caractérisation suivante :

« Le temps est ce qui empêche que tout soit donné d'un coup. »

« On ne peut entrer deux fois dans le même fleuve. »

Héraclite (~576-~480 av. J.-C.) [2]

Héraclite a sans doute vécu durant la fin du VIe siècle avant notre ère. Surnommé l'Obscur, ce philosophe déroutait déjà ses premiers auditeurs par son style énigmatique et imagé. Comment peut-on affirmer qu'il est impossible de se baigner deux fois dans le même fleuve ?

Tout tient à l'ambiguïté du mot « même ». Il est certes possible de se baigner à deux reprises dans la Garonne. Mais, en deux moments différents, les eaux de ce fleuve, en raison de leur flux, ne peuvent être exactement identiques. Nous n'y prêtons guère attention et attribuons au fleuve le même nom : Garonne. Car notre langage ne peut suivre les variations continues du monde – il lui faudrait une infinité de mots pour désigner l'aspect du fleuve à chaque instant. C'est ainsi que nous nous laissons prendre à l'illusion de la permanence, en oubliant que tout s'écoule. Et le fleuve n'est pour Héraclite que l'image de l'univers tout entier, en devenir incessant, où chaque état est fugitif et où la seule chose qui demeure, c'est le changement lui-même.

Pourtant, la « coulée » des êtres et des choses, note Héraclite, n'empêche pas leur retour, comme le montre le cycle des saisons. De même que sur

2. In *Fragments*, PUF, 1986, Fr. 134, p. 458.

la circonférence d'un cercle, les points de départ et d'arrivée se confondent. Prendre conscience de la fugacité du temps n'implique donc pas le désespoir, puisque le devenir n'interdit pas le « revenir ». Tout comme l'équilibre du fleuve dépend du flux régulier de ses eaux, l'harmonie du cosmos repose finalement sur la nécessité du changement.

> *Ce qui vaut pour les phénomènes naturels s'applique-t-il aux événements humains ? Sous l'apparence du changement, ceux-ci ne sont-ils pas soumis à une forme d'éternelle répétition ? C'est en tout cas ce qu'en conclut avec résignation Arthur Schopenhauer :*
>
> *« La devise générale de l'Histoire devrait être :* Eadem, sed aliter *– les mêmes choses, mais d'une autre manière. »*

« Les vivants sont (...) gouvernés nécessairement par les morts : telle est la loi fondamentale du genre humain. »

Auguste Comte (1798-1857), Catéchisme positiviste [3]

L'ambition d'Auguste Comte est de réunir une conception rigoureusement scientifique du monde et une religion nouvelle fondée sur l'immortalité. Or, comment concevoir l'immortalité dans un monde sans Dieu ?

Pour Comte, chaque époque hérite des traditions des siècles qui la précèdent et contribue aux progrès de ceux qui la prolongent. Un peu comme si la succession des générations formait un seul et même Être en perpétuel apprentissage. N'importe quel individu est ainsi relié à toute l'espèce humaine passée, présente et future, en une sorte d'immense chaîne dans laquelle il s'inscrit. D'ailleurs, affirme Comte, si chaque homme s'interrogeait sur ce qu'il doit aux autres, il reconnaîtrait le lien profond qui l'unit à ses prédécesseurs plus qu'à ses contem-

3. In *Œuvres*, Anthropos, 1970, tome XI, p. 68.

porains. Nous sommes donc tous, que nous le sachions ou non, inspirés par ces morts dont les idées, les œuvres et les sentiments subsistent à travers nous. Telle est la forme d'immortalité subjective que Comte décèle au cœur de l'espèce humaine.

Ce sentiment de solidarité historique fonde une véritable religion sans Dieu et rend possible une foi dans le « Grand Être » qu'est l'humanité. Afin d'en organiser le culte public, Comte propose un calendrier qui rassemble les défunts « inoubliables », c'est-à-dire ceux qui contribuèrent le plus dignement au progrès humain. Chaque jour de ce calendrier est consacré non à un saint, mais à un personnage historique illustre, de Mahomet à Shakespeare en passant par Charlemagne et Gutenberg...

> *La vénération des grandes figures du passé, en donnant à l'humanité son identité, fonde également sa force d'agir au présent. Ainsi que le rappelle André Malraux :*
>
> *« Le tombeau des héros est le cœur des vivants. »*

« L'histoire de toute société jusqu'à nos jours n'a été que l'histoire de luttes de classes. »

Karl Marx et Friedrich Engels, Manifeste du parti communiste [4]

L'histoire humaine est si riche et si pleine de rebondissements qu'il est difficile de croire qu'un principe unique puisse la régir. Et pourtant, Marx et Engels n'ont pas hésité à la déclarer tout entière mue par la lutte des classes. Pourquoi ce verdict ?

Aux yeux des deux philosophes allemands, les relations socio-économiques sont décisives pour comprendre une société. Les événements

4. Nathan, 1999, chap. 1, p. 45.

historiques ponctuels ne l'agitent qu'en surface, masquant la réalité sous-jacente de la division en classes sociales. En effet, une analyse approfondie fait toujours apparaître une opposition entre ceux qui possèdent les moyens de production (la terre, les matières premières, les machines,...) et ceux qui en sont dépourvus ; les premiers exploitant les seconds. Certes, cette opposition s'est incarnée de façon diverse au cours du temps : les relations entre maîtres et esclaves de l'Antiquité ne sont pas les mêmes qu'entre seigneurs et serfs durant le Moyen Âge, ou qu'entre capitalistes et prolétaires aujourd'hui. Mais ces variations n'affectent pas fondamentalement le principe de la domination qui se perpétue d'époque en époque. La lutte des classes ne s'est en ce sens jamais interrompue.

Pour autant, elle n'est pas une fatalité. Parce que les classes sont conduites à s'affronter, elles provoquent des changements sociaux. L'Histoire avance donc inéluctablement, et elle s'achèvera lorsque la révolution du prolétariat aura mis fin à cette lutte, permettant d'établir la société sans classes. C'est là sans doute la composante messianique implicite du propos marxiste...

> *Le moraliste Nicolas de Chamfort, témoin actif de la Révolution française, opposait déjà l'opulence des nantis au vide criant des plus démunis. Tout en feignant avec élégance d'y trouver quelque symétrie :*
>
> *« La société est composée de deux grandes classes : ceux qui ont plus de dîners que d'appétit et ceux qui ont plus d'appétit que de dîners. »*

« Ceux qui ne peuvent se rappeler le passé sont condamnés à le répéter. »

George Santayana (1863-1952), The Life of Reason [5]

L'aphorisme du philosophe hispano-américain George Santayana est devenu une sorte de mot d'ordre pour le « devoir de mémoire ». Nous qui héritons des grandes tragédies du XXe siècle en mesurons la terrible portée. Pourtant, Santayana le formula dès 1905.

À cette époque, Freud s'intéresse au refoulement et à ses conséquences, montrant que l'esprit se libère de certains troubles grâce au travail de la remémoration. Santayana, quant à lui, songe autant aux peuples qu'aux individus. Leur existence et leur progrès dépendent de leur capacité à s'instruire de leur passé. Les sociétés premières, dites traditionnelles, nous semblent statiques, pétrifiées dans un âge immémorial qu'elles perpétuent. N'est-ce pas justement parce qu'elles ne disposent pas d'historiens ? La mémoire collective, pressent Santayana, loin d'être un vague reflet d'événements évanouis, est en réalité un acte qui influence le présent et permet de construire l'avenir.

Toutefois, le culte de la mémoire, lorsqu'il fournit une occasion de multiplier les commémorations qui nous arrangent, peut à son tour pervertir notre compréhension du présent en cultivant certains ressentiments. La mise en garde du philosophe offre donc un espoir limité contre le fatalisme : nul ne peut assurer que ceux qui se souviennent seront protégés contre la répétition de certaines tragédies...

5. Prometheus, 1998, chap. 10, p. 82.

Nietzsche, au contraire de Santayana, fustige la rumination du passé. Il va jusqu'à prôner, dans certaines de ses œuvres, l'amnésie historique, condition nécessaire selon lui pour libérer le présent en vue de forger l'avenir :

« Nul bonheur, nulle sérénité, nulle espérance, nulle fierté, nulle jouissance de l'instant présent ne pourraient exister sans faculté d'oubli. »

Pour prolonger la réflexion...

Bergson H., *La Pensée et le Mouvant*, PUF, 1999.
Dastur F., *La Mort*, Hatier, 1994.
Hegel G.W.F., *La Raison dans l'histoire*, 10-18, 1993.
Saint Augustin, *Confessions*, livre XI, Gallimard, 1993.
Thucydide, *La Guerre du Péloponnèse*, Les Belles Lettres, 1964.
Veyne P., *Le Pain et le Cirque*, Points-Seuil, 1967.

Chapitre 13

La technique et l'action

« L'homme est le plus intelligent des animaux parce qu'il a des mains. »

Anaxagore (~500-~428 av. J.-C.) [1]

Qu'a donc voulu dire Anaxagore, philosophe du ve siècle avant notre ère, dont le propos nous est brièvement rapporté par Aristote ? En quoi l'intelligence humaine dépendrait-elle de nos mains ?

Songeons aux animaux. Pour survivre, ils disposent de leur organisme, qui est déjà adapté aux conditions naturelles : griffes, sabots, carapace, crocs, fourrure, etc. Mais l'homme fait exception car il semble dénué de telles qualités et doit par conséquent se montrer capable d'adapter la nature à ses besoins en fabriquant des artifices. Il façonne ainsi lames, lances ou flèches, aussi bien que vêtements, armures et chaussures. Tout cela grâce à ses mains, qui prennent, tiennent, manipulent et transforment. Au point que les premiers outils imitent souvent la forme et les fonctions de cet organe fondamental (pensons à la pince, à l'hameçon, au marteau...). Anaxagore s'inspire d'une idée présente dans la mythologie grecque : la naissance de l'humanité y est associée à Prométhée, qui déroba le feu aux dieux pour l'offrir à l'homme. C'est donc l'élaboration des techniques (symbolisées ici par le feu) qui distinguerait l'être humain des animaux. Et sa force tiendrait finalement moins à son intelligence théorique qu'à son intelligence pratique ; autrement dit, moins à son savoir qu'à ses savoir-faire.

Le penseur antique délivre ici une leçon stimulante : nous qui sommes habitués à associer l'excellence aux activités purement intellectuelles, ne finissons-nous pas par oublier que la créativité humaine est indissociable de nos mains ?

1. Cité in Aristote, *Parties des animaux*, Les Belles Lettres, 1990, Livre IV, chap. X, 687a, p. 136.

Coïncidence ? La pensée chinoise corrobore à sa manière l'intuition grecque en décelant dans les menus gestes du quotidien l'intervention de l'esprit :

« L'intelligence ou l'absence d'intelligence s'observe jusque dans la manière de nettoyer la table ou de balayer le sol. »

Proverbe chinois

«... Et ainsi nous rendre comme maîtres et possesseurs de la nature. »

René Descartes, Discours de la méthode [2]

L'œuvre de Descartes illustre la révolution moderne des idées et des pratiques. À l'encontre d'une philosophie purement spéculative, le philosophe français promeut une conception de la connaissance destinée à l'action. Quoi d'étonnant à ce que ce projet ait débouché sur le vœu de maîtrise de la nature, dont cette citation est le symbole ?

Au XVIIe siècle, temps d'éclosion de la science, se renforce l'idée que la nature s'apparente à une immense machine. Mouvement des astres, croissance des végétaux ou circulation du sang dans les artères, nombre de phénomènes naguère occultes commencent à livrer leurs mystères. Descartes est convaincu qu'il n'y a dans le monde, hormis l'esprit humain, que des mécanismes plus ou moins complexes. Or, dès que l'on connaît les rouages d'une machine, on peut entreprendre d'agir sur elle à la manière d'un ingénieur. Cette conception est donc prometteuse d'un point de vue pratique, mais, ne voyant dans la nature que matière et mouvement, elle la réduit à un matériau exploitable dans l'intérêt de l'homme. À l'époque, aucun principe de précaution ne limite cette

2. Garnier-Flammarion, 1966, Sixième partie, p. 84.

transformation, laissant le champ libre à une emprise croissante de la technique sur le monde.

Spécificité de l'histoire occidentale ? Les cultures traditionnelles, elles, semblent considérer l'être humain comme un collaborateur de la nature beaucoup plus que comme son « Maître ». Il faudra attendre le développement de l'écologie pour mettre en cause le grand projet cartésien, dont nous sommes encore les héritiers. Pour le meilleur et pour le pire...

> *Quelques décennies plus tôt, le philosophe anglais Francis Bacon avait saisi que cette maîtrise de la nature reposait sur un renouveau de la science, dans la mesure où :*
>
> *« On ne commande à la nature qu'en lui obéissant. »*

« Agis de façon que les effets de ton action soient compatibles avec la permanence d'une vie authentiquement humaine sur terre. »

Hans Jonas (1903-1993), Le Principe responsabilité : une éthique pour la civilisation technologique [3]

Hans Jonas fut l'un des premiers philosophes à interroger notre civilisation d'un point de vue écologique. Nous savons aujourd'hui que la technologie confère à l'homme des pouvoirs inouïs, autant synonymes de progrès que de terribles menaces. Cette situation réclame donc une éthique à la mesure des destructions qui s'annoncent. Mais comment trouver un fondement universel au devoir de préserver la nature ?

Jonas répond par l'introduction d'une « *responsabilité envers les générations futures* ». Puisque la vie sur terre, et en particulier la vie humaine, est fragile, périssable, nous devons agir collectivement pour que l'exis-

3. Cerf, 1990, préface, p. 13.

tence de nos descendants ne soit pas compromise. Il faut donc accepter l'idée que nous avons des devoirs, non seulement envers nos contemporains, mais aussi envers ceux qui ne sont pas encore nés. La protection de la nature s'impose ainsi comme une obligation morale, dans la mesure où elle est la condition *sine qua non* d'une vie humaine authentique et pérenne. Je conserve certes le droit de me suicider individuellement, mais je ne saurais revendiquer celui de contribuer au suicide collectif de l'humanité.

Ce nouvel impératif, inspiré de Kant, peut sembler abstrait. Mais il signifie concrètement qu'avant d'utiliser aveuglément une nouvelle technologie, il faut s'assurer qu'elle ne met pas en danger, à terme, la vie collective. Cette idée est à la base du « principe de précaution » dans notre Droit actuel.

> *Peut-être le sentiment d'une dette envers nos descendants doit-il gouverner nos choix, comme l'indique l'aphorisme attribué à Antoine de Saint-Exupéry :*
>
> *« Nous n'héritons pas la Terre de nos parents, nous l'empruntons à nos enfants. »*

« Il n'est pas contraire à la raison de préférer la destruction du monde à une égratignure de mon doigt. »

David Hume, Traité de la nature humaine [4]

Provocation adolescente ? Cynisme douteux ? Cela ne s'accorde pourtant pas avec la démarche scientifique de David Hume, philosophe d'une grande rigueur intellectuelle.

4. Garnier-Flammarion, 1991, Livre II, Partie III, chap. 3, p. 272.

Comment contester que nos actes et nos jugements de valeur sont fondés sur des passions plus que sur des raisonnements ? C'est un fait : nous aimons, détestons, avons des préférences. Et notre raison n'exerce guère d'emprise sur celles-ci. Nos désirs et nos aversions expriment ce que nous sommes ; ils ne se démontrent ni ne se réfutent. Tenter de prouver qu'une préférence est vraie ou fausse relèverait d'une confusion profonde entre nos idées rationnelles et nos affects. Dans le monde des faits, pas plus que dans l'univers des idées, nous ne pouvons juger en termes de bien ou de mal. En toute rigueur, il n'est donc pas contraire à la *raison* de préférer la destruction du monde à une blessure dérisoire !

Loin de justifier l'indifférence au monde, Hume rappelle ici que ce sont les passions et non l'intellect froid qui nous font agir. Mais à quoi sert la raison, dans ce cas ? À évaluer le meilleur moyen d'atteindre nos objectifs. C'est déjà beaucoup. Il est bien possible qu'un désir soit déraisonnable, reconnaît Hume, si nous désirons quelque chose qui n'existe pas. Seulement, dans ce cas, ce n'est pas l'expression de notre désir qui sera incorrecte, mais plutôt le *jugement* qui l'accompagne... en estimant que cette chose existe.

> *Que serait un homme dépourvu de passions ? Un sage empreint de calme et de raison, ou bien un être vide et apathique ? Méditons à ce sujet le mot de Diderot :*
>
> *« La raison sans les passions serait presque un roi sans sujets. »*

« Les philosophes n'ont fait qu'*interpréter* diversement le monde, ce qui importe c'est de le *transformer*. »

Karl Marx, Thèses sur Feuerbach [5]

Karl Marx fut sans doute le seul philosophe qui influença de façon décisive l'Histoire par ses écrits et son engagement politique. Formé à l'école de la philosophie allemande, il lui reprocha vite d'être inapte à transformer la société. Dans ses *Thèses sur Feuerbach*, dont est extraite cette célèbre phrase, Marx renvoie dos à dos les grandes conceptions classiques de la métaphysique, car les controverses que ces doctrines alimentent sont à ses yeux purement théoriques et stériles. Est-ce à dire que Marx entend mettre un terme à toute philosophie ?

Absolument pas. Il constate que les philosophes *n'*ont fait *qu'*interpréter le monde mais n'affirme nullement qu'il faudrait se passer de toute interprétation. Cette dernière activité est nécessaire, mais pas suffisante. De même que la science se prolonge en technique, la réflexion philosophique doit déboucher sur l'action, en particulier politique. Et c'est alors, dans la pratique, que l'on pourra évaluer la véritable fécondité et justesse d'une pensée. Autrement dit, tant que la philosophie s'en tiendra au mysticisme des concepts sans unir la théorie à la pratique, elle restera un vain remède aux maux de ce monde.

Cette thèse est le prélude à la formation intellectuelle et identitaire du prolétariat. L'organisation politique des classes laborieuses suppose en effet qu'elles s'approprient et mettent en œuvre les idées de la science politique. C'est en comprenant l'exploitation qu'elles subissent qu'elles parviendront, selon Marx, à transformer le monde en faveur d'une société plus juste.

5. In *L'Idéologie allemande*, Éditions sociales, 1982, Thèse XI, p. 49.

À l'instar de Marx, Henri Bergson appelle de ses vœux la réconciliation de la philosophie et du réel :

« Il faut agir en homme de pensée et penser en homme d'action. »

Pour prolonger la réflexion...

Détienne M. et Vernant J.-P., *Les Ruses de l'intelligence, la metis chez les Grecs*, Flammarion, 1978.

Habermas J., *La Technique et la Science comme idéologie*, Gallimard, 1990.

Marx K., *Le Capital*, I, PUF, 1993.

Seris J.-P., *La Technique*, PUF, 1994.

Simondon G., *Du mode d'existence des objets techniques*, Aubier-Montaigne, 1969.

Quatrième partie

Morale et politique

Chapitre 14

La morale

« Agis uniquement d'après la maxime dont tu peux vouloir en même temps qu'elle devienne une loi universelle. »

Emmanuel Kant, Fondements de la métaphysique des mœurs [1]

Première formulation du célèbre *« impératif catégorique »* de Kant, ce principe est la clé de la doctrine morale du philosophe. Refusant de se fier aux seuls commandements des textes sacrés ou aux sentiments pour développer notre vertu, Kant entend fonder celle-ci sur une injonction de la raison. Mais comment toute la morale pourrait-elle se ramener à un unique principe rationnel ?

Supposons que j'aie des problèmes financiers. Ai-je le droit d'emprunter de l'argent en promettant de le rendre si je sais que, vraisemblablement, je ne le pourrai pas ? Pour savoir si j'ai ce droit, je dois me poser la question suivante : est-ce que j'accepterais que mon acte ait une portée universelle ? Autrement dit, est-ce que je pourrais le fonder sur une maxime (c'est-à-dire une règle), telle que : « *Tout homme a le droit de faire une fausse promesse dès lors qu'il se trouve dans l'embarras financier* » ? Non, c'est absurde, je m'aperçois immédiatement que je ne peux vouloir qu'un tel précepte devienne une loi pour la société. Car dans ce cas, il n'y aurait plus aucune promesse ni aucun emprunt possible. La société civile, qui repose sur la confiance mutuelle, s'effondrerait. Le jugement moral est donc théoriquement à la portée de chacun : il convient de reproduire ce raisonnement fondamental pour évaluer si un acte est moral ou immoral.

1. Delagrave, 1997, Deuxième section, p. 136.

Cela ne conduit pas pour autant Kant à une morale abstraite et désincarnée. La morale n'a de sens que parce qu'elle a une finalité humaine. C'est donc très logiquement que le philosophe propose une seconde formulation de l'impératif catégorique, fondée cette fois sur l'idée que la personne humaine ne saurait jamais être un simple objet au service d'intérêts ou de désirs :

« Agis de telle sorte que tu traites l'humanité, aussi bien dans ta personne que dans la personne de tout autre, toujours (...) comme une fin et jamais simplement comme un moyen. »

« La pitié est douce. »

Jean-Jacques Rousseau, Émile [2]

Car, poursuit l'auteur, *« en se mettant à la place de celui qui souffre, on sent pourtant le plaisir de ne pas souffrir comme lui »*. Il y aurait donc une sorte de délectation secrète dans la commisération. Cette proposition peut paraître scandaleusement cynique, tant elle ôte de la moralité à la pitié. Faut-il y voir une validation de l'adage populaire selon lequel « le malheur des uns fait le bonheur des autres » ?

Loin s'en faut, précise Rousseau. D'une part, si je m'estime heureux de ne pas subir le même sort qu'autrui, je ne saurais m'en réjouir : dans ce dernier cas, il ne s'agirait plus de pitié, mais de haine. D'autre part, c'est bien parce que je ne souffre pas comme l'autre que je peux sincèrement m'attrister de son état. En effet, si dans la compassion je m'identifie complètement au malheureux au point d'être autant peiné que lui, alors je ne pleure finalement que sur moi-même. En revanche, lorsque la pitié conserve une certaine distance, la conscience que la souffrance

2. Garnier-Flammarion, 1966, Livre IV, p. 287.

d'autrui n'est pas mienne permet de comprendre la singularité de son malheur. Et ainsi d'être disponible pour lui porter secours. Le « soulagement » ne me dispense donc pas d'agir. Au contraire, il permet de libérer mon désir d'atténuer son chagrin.

La voix de la pitié, répugnance innée face à la détresse d'autrui, constitue pour Rousseau le fondement de la morale. Si trop souvent le bonheur des autres nous rend envieux et enclins à leur nuire, la compassion, parce qu'elle adoucit nos malheurs, nous dispose à l'amour d'autrui.

> *Lucrèce, philosophe et poète latin du Ier siècle ap. J.-C., avait déjà noté le goût exquis de cette consolation née du sentiment d'échapper à un malheur étranger :*
>
> *« Il est doux, quand la vaste mer est soulevée par les vents, d'assister du rivage à la détresse d'autrui (...). Il est doux aussi d'assister aux grandes luttes de la guerre, de suivre les batailles rangées dans les plaines, sans prendre sa part du danger. »*

« Commettre l'injustice est pire que la subir. »

Socrate [3]

Tel est le principe au nom duquel Socrate refusa de s'évader de la prison athénienne où un procès inique l'avait jeté. Accusé à tort d'impiété et de corruption de la jeunesse, il ne se déroba pas à la peine capitale, fidèle aux prescriptions de la morale qu'il n'avait cessé d'enseigner. Héroïque abnégation que l'on peut à la fois admirer et railler, tant elle semble « coûteuse ». Ne semble-t-il pas plus avantageux de commettre

3. In Platon, *Gorgias*, Garnier-Flammarion, 1993, 474a, p. 188.

l'injustice plutôt que de la subir, de se placer du côté des gagnants plutôt que des perdants dans un monde où, malheureusement, le mal profite souvent davantage que le bien ?

Apprenons à estimer ce qui fonde notre véritable valeur, répond le philosophe, et nous n'hésiterons plus à échanger un mal superficiel contre un bien certain ! *Commettre* l'injustice, c'est avilir notre âme en la souillant de manière irrémédiable. L'injuste se trompe s'il espère obtenir un gain du mal perpétré, car il méconnaît le préjudice qu'il s'inflige en faisant à la fois le malheur des autres et le sien. En revanche, l'injustice *subie* n'affecte notre bonheur qu'en apparence, car elle laisse notre âme intacte en portant seulement atteinte à des objets extérieurs : nos biens, notre réputation ou encore notre corps.

> *C'est donc en toute sérénité, sans colère ni remords, que Socrate affronte la mort. Et si un tribunal des âmes nous attend dans l'au-delà, le sage se sait doublement gagnant...*
>
> *La citation précédente renvoie à une autre formule célèbre de Socrate : « Nul n'est méchant volontairement. » Car si le mal existe, il est la conséquence de notre ignorance quant à sa véritable nature, et non le fait d'une âme qui choisirait délibérément de se nuire à elle-même.*

« Ce n'est pas de la bienveillance du boucher, du brasseur ou du boulanger qu'il faut espérer notre dîner, mais du souci de leur propre intérêt. »

Adam Smith (1723-1790),
Recherches sur la nature et les causes de la richesse des nations [4]

Il n'y a rien dans cette formule qui nous étonne car nous savons bien qu'un boulanger fabrique son pain pour le vendre : c'est son intérêt et non son humanité qui guide son effort. En quoi cet exemple illustre-t-il le bouleversement qu'Adam Smith introduit dans l'étude des relations humaines ?

Spontanément, il semble que la cohésion et la richesse d'une société dépendent des valeurs d'entraide et de bienveillance, au regard desquelles la quête de l'intérêt particulier est une attitude égoïste et nuisible. Or, remarque Smith, cette vision manque une réalité essentielle : c'est bien parce que chacun recherche son utilité propre que le profit de la société tout entière s'accroît puisqu'elle bénéficie, indirectement, des efforts consentis. Ainsi, l'ambition personnelle du scientifique participe au progrès médical, de même que la volonté de rentabilité d'un entrepreneur l'amène à baisser ses prix pour vendre davantage, ce qui contribue, en théorie, à améliorer le pouvoir d'achat des consommateurs.

L'originalité de cette doctrine est qu'elle se dispense de tout impératif moral : nul besoin de contraindre les hommes à être bons pour garantir la prospérité collective. Il suffit de les laisser poursuivre leurs intérêts… qui vont spontanément s'harmoniser. Même si leur entreprise est initialement égoïste, elle participera, malgré elle, à la richesse

4. Garnier-Flammarion, 1991, tome 1, Livre I, chap. 2, p. 82.

commune. En réconciliant l'intérêt particulier et l'intérêt général, cette thèse fait de l'économie la nouvelle science des comportements humains.

En 1714, le Néerlandais Bernard de Mandeville publie la *Fable des abeilles*, ouvrage qui scandalise la bonne société mais suscitera l'admiration de Smith. Son auteur y démontre en effet les avantages sociaux des principaux péchés chrétiens, ainsi que l'exprime le sous-titre de l'œuvre : « Vices privés, bienfaits publics. »

« Deux choses remplissent le cœur d'une admiration et d'une vénération toujours nouvelles et toujours croissantes, à mesure que la réflexion s'y attache et s'y applique : le ciel étoilé au-dessus de moi et la loi morale en moi. »

Emmanuel Kant, Critique de la raison pratique [5]

« *Le ciel étoilé au-dessus de moi et la loi morale en moi* »... Le rationalisme de Kant laisse peu de place à la poésie, et pourtant c'est dans cette délicate formule que se condense le cœur de sa doctrine. Au point qu'elle figure aujourd'hui sur la tombe du philosophe. Quelle est donc la relation entre les étoiles et la morale ?

Le ciel étoilé renvoie ici à la connaissance de l'univers, la loi morale à celle du Bien et du Mal. Toutes deux me mettent en présence de quelque chose de grandiose, d'incommensurable. La voûte céleste, sidérante, m'arrache à mon environnement quotidien pour me rattacher à l'infini de l'espace et du temps. La présence d'une conscience morale en moi, capable de me faire agir à l'encontre de mes penchants ou de mes inté-

5. PUF, 1993, conclusion, p. 173.

rêts, m'élève au-dessus de ma condition animale. Car c'est un fait : il existe un sens intérieur du devoir qui paraît me relier à un ordre de valeurs suprasensibles, auxquelles je n'ai accès que par l'esprit.

Plus profondément, le ciel et la morale attestent tous deux de la présence absolue de la loi. La connaissance humaine découvre, en effet, aux yeux de Kant, la connexion régulière entre les choses, tandis que la morale se présente en l'homme sous la forme d'un impératif rationnel et universel. C'est donc cette double révélation de la loi en nous et hors de nous qui nous fait participer à l'infini et qui introduit une forme de sublime dans la conscience de notre existence.

> *Le philosophe Alain ne disait pas autre chose en écrivant que :*
>
> *« La morale consiste à se savoir esprit, et, à ce titre, obligé absolument ; car noblesse oblige. »*

Pour prolonger la réflexion...

Bénichou P., *Morales du grand siècle*, Gallimard, 1948.
Dumont M., *Homo Aequalis*, Gallimard, 1985.
Kant E., *Fondements de la métaphysique des mœurs*, Delagrave, 1994.
Spaemann R., *Notions fondamentales de morale*, Flammarion, 1994.
Spinoza B., *Éthique* III-IV, PUF, 1991.

Chapitre 15

La justice et le droit

« Le plus fort n'est jamais assez fort pour être toujours le maître, s'il ne transforme sa force en droit et l'obéissance en devoir. »

Jean-Jacques Rousseau, Du contrat social [1]

Souvent le pouvoir se conquiert par la force, du nombre ou des armes, mais il ne saurait compter sur elle pour régner. En effet, remarque Rousseau, la domination engendre son propre renversement : en imposant la logique des rapports de force, elle est nécessairement exposée à rencontrer, puis à être remplacée, par plus fort qu'elle. Comment, dès lors, fonder durablement un pouvoir ?

La loi du plus fort est précaire car elle n'est pas un droit. Sans cesse contestée dans son bien-fondé, elle s'épuise à se maintenir en place en déployant l'arsenal de la violence (intimidation, répression, terreur) pour endiguer les rébellions qu'elle suscite. En revanche, une puissance autorisée, parce que reconnue dans sa justice, peut s'assurer l'adhésion volontaire de ses sujets. Ceux-ci n'obéissent plus alors par contrainte, mais par devoir, et c'est leur vertu qui les conduit au respect des lois.

Pourtant, si cette formule s'adresse à ceux qui aspirent à fonder un État légitime, elle peut également être entendue par les tyrans et despotes de toute sorte. À leurs yeux, peu importe que les raisons d'obéir soient véritablement justes, pourvu qu'elles apparaissent comme telles. Si bien qu'en prenant le masque du droit, le pouvoir peut dissimuler l'arbitraire ou la brutalité de son origine, et récolter les fruits d'une légitimité inventée. L'avantage est loin d'être négligeable. L'histoire politique montre que ce sont les dictateurs qui ne cessent de se prétendre démocrates… mais jamais le contraire !

1. Garnier-Flammarion, 2001, Livre I, chap. 3, p. 49.

Parce que la justice, à elle seule, est impuissante à faire valoir son droit, la force a souvent fini par triompher. Le dépit de Pascal rejoint ici l'analyse de Rousseau :

« Et ainsi ne pouvant faire que ce qui est juste fût fort, on a fait que ce qui est fort fût juste. »

« Plaisante justice qu'une rivière borne ! Vérité au-deçà des Pyrénées, erreur au-delà. »

Blaise Pascal, Pensées [2]

Voilà une exclamation surprenante, qui a rendu perplexe plus d'un lecteur. Pascal, subtil moraliste du XVIIe siècle, dénonce ici la prétention de la justice humaine qui se veut universellement bonne. Car que constate-t-il ?

Que la justice des hommes est variable selon les temps, les cultures et les lieux. Nul droit international n'est en vue à cette époque, tout au plus des règlements locaux destinés à maintenir l'ordre ou la paix. Il suffit de traverser une simple rivière ou une chaîne de montagnes (les « Pyrénées ») pour entendre prononcer une sentence différente à l'égard d'un même crime : ce qui est légal ici se trouve interdit là-bas ! De telles contradictions ne sont pas uniquement dues aux différences culturelles ; elles illustrent surtout la faiblesse des institutions qui varient selon les rapports de pouvoir et les intérêts. Voilà une justice fort plaisante, par conséquent, qui s'accommode aisément de la volonté des puissants et dont les plus habiles peuvent jouer à leur gré.

Pourtant, de part et d'autre de la frontière, tous se croient détenteurs de la Vérité. Les hommes sont en effet si convaincus de leur bon droit qu'ils

2. Garnier-Flammarion, 1976, § 294, p. 135.

accusent d'erreur ceux qui vivent selon d'autres préceptes. Faut-il conclure au relativisme ? Loin de là. Pascal critique en réalité les justices particulières, conventionnelles, au nom d'un idéal de justice qu'il a à l'esprit et auquel il ne peut renoncer. Car les institutions judiciaires ont beau être variables, la justice divine, elle, n'en demeure pas moins universelle.

> *Pour faillible et sujette aux manipulations que soit la Justice, il n'en demeure pas moins qu'en son absence, l'existence humaine perdrait peut-être sa dignité :*
>
> *« Si la justice disparaît, c'est chose sans valeur que des hommes vivent sur terre. »*
>
> *Emmanuel Kant*

« L'homme porte en lui-même la justification principale de la propriété. »

John Locke (1632-1704), Second traité du gouvernement civil [3]

La possession de biens – patrimoine, argent, objets divers – est souvent l'effet d'un héritage ou le produit d'une acquisition. Inégalement répartie, introduisant des différences de richesse, la propriété semble donc être un phénomène social que l'on peut contester au nom de l'égalité naturelle entre les hommes. Pourtant, selon Locke, ces inégalités ne sont en rien injustes car la propriété est un droit naturel. Comment justifie-t-il cette thèse ?

Pour le fondateur du libéralisme, la propriété a sa source originaire dans la liberté naturelle propre à chacun. Être libre en effet, c'est d'abord

3. Garnier-Flammarion, 1992, chap. 5, § 44, p. 177.

n'être l'esclave de personne, autrement dit être propriétaire de soi, de son corps et de son existence. Mais cette propriété s'étend également à tout ce que l'individu transforme par son travail. Son œuvre, matérielle ou intellectuelle, lui appartient nécessairement, car elle n'est rien d'autre que le prolongement de son action sur les choses.

En d'autres termes, ce qui est à l'origine commun à tous, la nature et ses ressources, devient privé sitôt qu'un homme y a inséré son labeur et l'a fait sien : son activité est en ce sens la justification de sa propriété. Par exemple, un terrain en friche une fois labouré appartient, de même que sa récolte, au paysan qui s'y est consacré. On comprend pourquoi, aux yeux de Locke, considérer la propriété comme un droit naturel ne revient pas à perpétuer les inégalités sociales, mais plutôt à faire de l'individu et de son investissement personnel la seule source de sa richesse.

> *En 1840, le théoricien anarchiste Pierre Joseph Proudhon s'insurge au contraire avec véhémence contre les inégalités et l'exploitation économiques. Son exclamation est restée célèbre :*
>
> *« Qu'est-ce que la propriété ? (...) c'est le vol ! »*

« Ce sont les faibles, la masse des gens, qui établissent les lois (...) en fonction de leur intérêt propre. »

Platon, Gorgias [4]

Cette accusation n'exprime pas la pensée de Platon mais celle d'un personnage qu'il met en scène, le sophiste Calliclès. Le jugement de celui-ci est surprenant car nous sommes plutôt enclins à suspecter que les lois sont destinées à servir les puissants. Tout au contraire, s'indigne Calliclès, elles sont essentiellement conçues par et pour les « faibles » !

4. Garnier-Flammarion, 1993, 483a, p. 212.

Aux yeux de Calliclès, les lois sont arbitraires parce qu'elles ne respectent pas la nature. Dans le cadre de celle-ci, seuls les « forts » sont aptes à gouverner, en raison de leur suprématie innée. Par « force », il n'entend pas seulement la puissance physique, mais aussi le courage de celui qui peut assouvir la démesure de ses désirs. Il y a en effet pour Calliclès une aristocratie naturelle, constituée d'êtres supérieurs capables d'assumer la violence et l'égoïsme de leurs passions. De ce point de vue, l'injustice et le mensonge sont évidemment moins des vices que des vertus. Mais face à cette minorité de forts, la masse des faibles recourt à l'arme des lois : elle inverse les valeurs en consacrant des principes d'égalité et de modération. Les lois ne sont donc pas légitimes car elles sont contre nature ; elles ne constitueraient en réalité rien d'autre que des règles inventées par les faibles pour garantir leur intérêt et ligoter les forts.

On voit que la démocratie a dû, dès son origine au sein de la cité athénienne, affronter de farouches détracteurs : en opposant la nature et la loi, Calliclès n'hésite pas à mettre en cause le principe de ce régime politique qui illustre, selon lui, le triomphe de la médiocrité d'une masse incapable d'accepter son infériorité.

> *Observateur attentif de la Révolution française, Benjamin Constant dénoncera lui aussi le risque de tyrannie exercée par la majorité. Mais cette fois dans une tout autre perspective, au nom de la justice et de la liberté individuelle :*
>
> *« L'assentiment de la majorité ne suffit nullement à justifier tous ses actes (...). Elle serait la nation entière, moins le citoyen qu'elle opprime, qu'elle n'en serait pas plus légitime. »*

« L'équité [...] donne de l'air à la justice. »

Vladimir Jankélévitch (1903-1985), Traité des vertus [5]

La justice est un principe d'équilibre et de partage. Les tribunaux qui la mettent en œuvre s'efforcent de corriger les violations du droit de façon aussi rigoureuse que possible, en compensant les injustices et dommages constatés. Mais cela ne fait, au mieux, que reconduire l'ordre existant. Songeons que dans un monde où nul n'empiéterait sur les droits d'autrui, les institutions judiciaires seraient superflues. Et pourtant nous serions encore loin du monde idéal !

Selon Vladimir Jankélévitch, à la froide justice doit s'ajouter l'équité. Par ce terme il faut entendre la vertu qui recherche le juste sans se borner au droit, la capacité d'être charitable et de faire davantage que « ce qu'on doit ». Ce supplément est nécessaire car il aère la rigueur étouffante des lois et l'application mécanique des règlements en introduisant des nuances, une clémence, une humanité, une compréhension de la complexité de toute situation humaine, sans lesquelles la justice risquerait l'asphyxie. Bien sûr, il ne s'agit pas pour Jankélévitch de prôner le laxisme ou la tolérance paresseuse, mais d'affirmer avec vigueur que la justice ne se réduit pas à une mathématique impersonnelle.

À travers l'équité, la vraie force qui doit animer nos jugements est finalement l'amour, seul état d'âme capable de prendre en compte la singularité des êtres, leur personnalité concrète et leur vie. La haine, conclut Jankélévitch, peut bien être réduite par la justice à l'impuissance, il n'en reste pas moins que seul l'amour peut en tarir la source.

5. Flammarion, 1986, vol. II, chap. V, Onzième partie, p. 140.

Dépasser la justice, soit. Mais attention à ne pas l'oublier. On ne saurait sans naïveté confier les rapports sociaux à la spontanéité de l'amour ou de la charité. Comme le précise Nicolas de Chamfort :

« Il faut être juste avant d'être généreux, comme on a des chemises avant d'avoir des dentelles. »

Pour prolonger la réflexion...

Hayek F. (von), *Droit, législation et liberté*, PUF, 1997.
Platon, *La République*, Garnier-Flammarion, 1966.
Rawls J., *Justice et démocratie*, Seuil, 1993.
Sophocle, *Oedipe roi*, Bordas, 1985.
Villey M., *Le Droit et les droits de l'homme*, PUF, 1983.

Chapitre 16

L'État

« Il faut que, par la disposition des choses, le pouvoir arrête le pouvoir. »

Montesquieu (1689-1755), L'Esprit des lois [1]

Montesquieu, éminent représentant des Lumières, n'a cessé de dénoncer l'absolutisme royal de son temps. Mais sa connaissance érudite de l'histoire lui fait suspecter que, quel que soit le régime en place, la possession même du pouvoir est périlleuse. Car *« c'est une expérience éternelle que tout homme qui a du pouvoir est porté à en abuser ; il va jusqu'à ce qu'il trouve des limites »*. Comment définir ces limites ?

Si l'on veut déjouer la tendance absolutiste d'un gouvernement, il faut en prévenir tout monopole, c'est-à-dire diviser et distribuer les trois pouvoirs fondamentaux : le législatif, l'exécutif et le judiciaire. Une fois chacun de ces pouvoirs doté d'une puissance propre, ils sont à même de s'équilibrer mutuellement en neutralisant toute tentative d'abus. Cette séparation rend donc possible une vigilance réciproque et garantit le juste exercice d'un pouvoir modéré. Par exemple, la justice doit être indépendante : le juge applique la loi décidée par le corps législatif – ce qui l'empêche de régler les litiges selon son arbitraire – et délègue son exécution. De même, les membres du législatif et de l'exécutif ne sauraient être au-dessus des lois et peuvent, le cas échéant, se voir sanctionnés par la justice. Parce que chaque instance agit sous la surveillance d'une autre, le risque d'abus de pouvoir se voit alors réduit par la constitution même de l'État.

Notons que ce principe, formulé et espéré par le philosophe, demeure aujourd'hui inscrit dans la constitution de la Cinquième République. De

1. Gallimard, 1995, Livre XI, chap. 4, p. 326.

quoi démentir les détracteurs des philosophes qui ne voient en eux que des doux rêveurs...

> *Les précautions de Montesquieu sont d'autant plus nécessaires que la volonté de gouverner, remarque Paul Valéry, est souvent intimement portée par un désir de tyrannie :*
>
> *« C'est l'instinct de l'abus du pouvoir qui fait songer si passionnément au pouvoir. Le pouvoir sans l'abus perd le charme. »*

« L'homme est un loup pour l'homme. »

Thomas Hobbes (1588-1679), Le Citoyen [2]

Les membres de l'espèce humaine détiennent le triste privilège d'être les seuls qui s'entre-détruisent en déployant de multiples formes de cruauté. Là où les animaux se battent pour de la nourriture ou un territoire, les hommes s'affrontent pour les motifs les plus futiles et sont capables d'organiser rationnellement l'extermination d'une partie des leurs. Ainsi, ce n'est pas rendre hommage aux loups que de les comparer à la férocité de l'homme, car les animaux ne sont pas si bêtes que cela...

Faut-il en conclure que l'espèce humaine serait mue par une méchanceté naturelle, indéfectible au point que nous serions tous les ennemis les uns des autres ? La formule du philosophe anglais, écrite dans un contexte de guerre civile et de violences religieuses, vise pourtant moins à condamner la nature humaine qu'à déplorer l'absence d'un État suffisamment fort pour endiguer les conflits. En effet, sans loi qui limite les droits et les devoirs, les hommes vivent dans un contexte de crainte permanente où chacun est une menace potentielle. Dans cet « état de nature », contraints de se protéger par leurs propres moyens, ils ne

2. Garnier-Flammarion, 1982, « Épître dédicatoire », p. 83.

peuvent qu'employer la ruse ou la violence. Et s'il est vrai que la meilleure défense est dans l'attaque, il convient pour chacun de neutraliser l'autre en le dominant.

C'est donc par souci de sécurité, et non par cruauté, que les hommes s'affrontent comme des animaux. La violence humaine n'est pas, pour Hobbes, la sommaire expression d'un instinct d'agressivité, mais plutôt l'ultime recours d'individus qui ne peuvent compter que sur eux-mêmes.

> *Hobbes, n'espérant guère une amélioration morale du genre humain, prône l'institution d'un État dont le pouvoir absolu agirait comme une force de dissuasion. En effet :*
>
> *« Aussi longtemps que les hommes vivent sans un pouvoir commun qui les tienne tous en respect, ils sont dans cette condition qui se nomme guerre, et cette guerre est guerre de chacun contre chacun. »*

« Les hommes doivent être caressés ou anéantis. »

Nicolas Machiavel (1469-1527), Le Prince [3]

De Machiavel, la postérité a retenu un adjectif, machiavélique, pour désigner de subtiles tactiques de manipulation. Cette maxime semble le confirmer : le Prince, pour régner, doit user de ces deux extrêmes que sont la flatterie et la violence. En somme, soit le peuple est dupe et obéit, soit il ne l'est pas et le paye de sa vie. Le verdict du penseur italien est-il, en vérité, aussi cynique ?

3. Hatier, 1999, chap. 3, p. 13.

Ce ne serait pas rendre justice à son œuvre. Ce conseil ne vaut en effet que dans une situation particulière, lorsqu'il faut au prince asseoir sa domination à l'issue d'une conquête. Il ne s'agit donc pas d'une proposition générale sur le mode de gouverner, mais d'une réflexion sur la fragilité d'un pouvoir qui doit, dans l'urgence, s'affermir. Nulle part *Le Prince* ne fait l'apologie du Mal en louant le mensonge ou l'assassinat. Simplement, il s'avère que dans des circonstances périlleuses, lorsque la nécessité s'en fait sentir, l'autorité n'a d'autre moyen que de recourir à la ruse ou la cruauté. Certes, pour Machiavel, il n'y a aucun doute qu'un peuple obéit plus volontiers à un prince vertueux. Mais la bonté est d'une piètre utilité en politique tandis que l'apparence de la moralité, flatteuse pour l'image du prince, garantit la paix sociale.

Les formules du *Prince* sont choquantes parce qu'elles traitent du pouvoir de manière lucide et pragmatique. Les décisions politiques sont évaluées à l'aune de l'efficacité plus que de la moralité. Machiavel inaugure ainsi la conception moderne du pouvoir en appréhendant les phénomènes politiques sous l'angle du réalisme.

> *Si l'action politique est souvent contrainte de désavouer la morale, celle-ci doit pourtant demeurer son horizon régulateur, comme le souligne André Malraux :*
>
> *« On ne fait pas de politique avec de la morale, mais on n'en fait pas davantage sans. »*

« Les ouvriers n'ont pas de patrie. »

Karl Marx et Friedrich Engels, Manifeste du parti communiste [4]

Marx et Engels voyaient dans ce principe la marque distinctive du communisme parmi les différents mouvements ouvriers. Est-ce à dire que la Révolution se construit sur la destruction des nations ?

Les prolétaires ont des intérêts communs indépendamment de leur pays, car tous sont victimes du même type d'exploitation socio-économique. Ainsi, *« la nationalité du travailleur n'est pas française, anglaise, allemande, elle est le travail, le libre esclavage, le trafic de soi-même. Son gouvernement n'est pas français, anglais, allemand, c'est le capital. L'air qu'il respire chez lui n'est pas l'air français, anglais, allemand, c'est l'air des usines »*. Les États créent des frontières artificielles entre les travailleurs, masquant la véritable division qui oppose la bourgeoisie et le prolétariat. Pire, les bourgeoisies nationales manipulent les masses ouvrières : elles les opposent les unes aux autres pour les envoyer à la mort au nom de la « défense de la patrie » !

Pourtant, Marx et Engels n'excluent pas de leur doctrine l'existence des nations. Car le prolétariat de chaque pays doit s'efforcer de conquérir d'abord le pouvoir politique dans un cadre national, pour mettre ensuite un terme aux conflits nationalistes. L'ambivalence de cette conception se maintiendra longtemps parmi les mouvements qui se réclameront du marxisme, oscillant entre la promotion de la solidarité internationaliste (contre le capitalisme) et la défense de l'émancipation nationale (contre l'oppression coloniale).

4. Nathan, 1999, chap. 2, p. 62.

Convergence inattendue ? Le poète et polémiste Charles Péguy, ardent patriote, déplorait lui aussi que :

« Les patries sont toujours défendues par les gueux, livrées par les riches. »

« La guerre n'est que la continuation de la politique avec (...) d'autres moyens. »

Carl von Clausewitz (1780-1831), De la guerre [5]

Comment penser la guerre ? Réalité incontournable de l'Histoire, elle apparaît néanmoins par sa violence nier le principe de la politique, fondée sur le dialogue et l'accord des intérêts entre États. La férocité dont elle fait preuve semble témoigner d'une régression vers une époque sauvage, pré-politique, au point que certains progressistes, confiants dans le développement de la civilisation, ont pu penser que la guerre serait bientôt dépassée.

Or Carl von Clausewitz, penseur prussien dont l'ouvrage *De la guerre* (1834) fut d'une grande influence sur les états-majors européens, récuse cette vision. La guerre n'est pas un phénomène anachronique et les destructions qu'elle occasionne n'en font pas moins un instrument efficace au service des États. Recours ultime lorsque les dissensions entre puissances ne peuvent être réglées par la diplomatie, elle s'impose comme un outil à vocation politique dont aucun État ne peut *a priori* faire l'économie. C'est pourquoi elle n'est pas le symptôme d'une brutalité animale mais fait l'objet de stratégies rationnelles.

5. Minuit, 1955, Quatrième partie, chap. 7.

Au fond, la guerre ne vise pas la guerre : elle poursuit toujours un but politique, en priorité la paix, la défense d'un pays agressé ou la restauration d'une injustice à la suite de la violation d'un traité. Il revient donc, en définitive, au seul pouvoir politique de prendre la décision d'un conflit guerrier. Ce que ne dément pas le ministre de la Guerre, Clemenceau, lorsqu'il déclara que *« la guerre est une chose trop sérieuse pour être confiée aux militaires »*.

> *Michel Foucault, philosophe du XXe siècle, considère à l'inverse que la politique n'est qu'une des expressions de la guerre, réalité indépassable des relations humaines :*
>
> *« C'est la guerre qui est le moteur des institutions et de l'ordre : la paix, dans le moindre de ses rouages, fait sourdement la guerre. »*

« Cette sorte de servitude réglée, douce et paisible (...) à l'ombre même de la souveraineté du peuple. »

Alexis de Tocqueville, De la démocratie en Amérique [6]

Dans son ouvrage *De la démocratie en Amérique* (1835-1840), Tocqueville pointe le danger qui menace la démocratie. Non pas, comme on pourrait le craindre, un basculement dans l'anarchie, mais plutôt une dérive insensible vers un despotisme doux, étrangement compatible avec les apparences de la liberté.

Les sociétés modernes ayant aboli les anciennes hiérarchies, le peuple s'attache au principe de l'égalité. Il se refuse à l'autorité de quelques-uns et s'accommode mieux de pouvoirs centraux impersonnels. En outre, les individus se consacrent essentiellement à l'accroissement de leur bien-être, et ce *« goût des jouissances matérielles »* se développe au

6. Garnier-Flammarion, 1981, tome II, Quatrième partie, chap. 6, p. 386.

détriment de l'amour de la liberté, dont l'exercice réclame un engagement civique. Ces nouveaux citoyens ont donc tendance à se replier sur leur sphère privée et à négliger la vie politique. Un pouvoir fort leur semble même bienvenu s'il garantit l'ordre et la protection de leurs affairements quotidiens. Individualisme et indifférence à la vie publique risquent alors de faire le lit d'un pouvoir *« immense et tutélaire, qui se charge seul d'assurer leur providence et de veiller sur leur sort »*. Un pouvoir absolu inédit, met en garde Tocqueville, suffisamment précis et bureaucratique pour contrôler leur vie, mais aussi suffisamment régulier et prévoyant pour se dispenser, en général, de recourir à la violence.

Rappelons néanmoins que Tocqueville est un défenseur de la démocratie. Sa mise en garde vise donc surtout à préconiser une société civile active, faite d'associations capables d'organiser les énergies citoyennes et de fournir des contre-pouvoirs à l'État.

> *Un peu plus tard au cours du siècle, Nietzsche dénoncera également l'emprise exorbitante de l'État, administration capable de se séparer de la société telle une créature échappant à son créateur :*
>
> *« L'État c'est le plus froid de tous les monstres froids. »*

Pour prolonger la réflexion...

Arendt H., *Condition de l'homme moderne*, Calmann-Levy, 1983.
Cicéron, *De la République, des lois*, Garnier Classiques, 1954.
Clastres P., *La Société contre l'État*, Minuit, 1974.
Manent P, *Histoire intellectuelle du libéralisme*, Hachette, Pluriel, 1987.
Marx K., *Manifeste du parti communiste*, Bordas, 2001.
Raffin F. et Verhelst M., *Individu, communauté et société*, Delagrave, 2004.

Chapitre 17

La liberté

« Ils conçoivent l'homme dans la Nature comme un empire dans un empire. »

Baruch Spinoza, Éthique [1]

Ce reproche s'adresse à ceux qui s'affligent du spectacle des vices en y voyant l'effet de libres décisions. Coupable de s'abandonner à la tentation, l'humanité révèlerait sa capacité à faire le mal. Or, une telle condamnation est-elle légitime ?

Cette accusation présuppose une conception de l'homme doté du libre arbitre, capable de maîtriser ses désirs, tandis que les animaux seraient soumis au déterminisme de leurs pulsions. L'homme constituerait alors une exception, en exerçant sur lui-même un règne soustrait au grand empire de la Nature. Pourtant, constate Spinoza, comme être vivant il ne peut être qu'une partie du monde et rien n'autorise à penser qu'il déroge aux lois naturelles. La conscience de sa liberté n'est qu'un leurre : de la même manière qu'une pierre pourrait se croire libre parce qu'elle tombe sans obstacle dans le vide – alors qu'elle y est déterminée par la loi de la chute des corps –, l'homme s'imagine décider de ses actes en ignorant les processus qui ont motivé ses choix.

Il revient au philosophe, affranchi de cette illusion, de réinscrire l'homme dans le déterminisme de la Nature. En adoptant une perspective plus large, les passions n'apparaissent plus comme le signe d'une méchanceté coupable, mais comme le résultat de mécanismes affectifs qu'il faut réorienter. Dès lors, il est moins question d'une liberté absolue que d'une libération progressive soutenue par la raison.

1. PUF, 1990, Partie III, préface, p. 155.

Peu importent les analyses de la philosophie ou les révélations de la science, nous avons l'intime conviction de notre liberté. Cette obstination ne peut, selon Paul Valéry, s'expliquer que par notre constitution même :

« Nous sommes faits pour ignorer que nous ne sommes pas libres. »

« L'éducation philosophique consiste à apprendre à vouloir chaque chose comme elle arrive. »

Épictète (50-125), Entretiens [2]

Le fatalisme implicite de la formule est inacceptable pour nos esprits modernes enclins à croire que la volonté ne s'incarne jamais mieux que dans l'opposition au destin. À l'inverse, affirme le stoïcien Épictète, l'excellence de la volonté n'est atteinte qu'une fois que l'homme consent au monde tel qu'il est. Mais comment prétendre être libre si l'on doit tout accepter ?

Tout d'abord, rappelle le philosophe, il est vain de s'opposer au cours des événements. La raison nous avise en effet que certains faits sont inévitables, et cette compréhension nous dispense de souffrir des échecs de nos téméraires entreprises. De ce discernement naîtra non le désespoir, mais la liberté intérieure de celui qui a su agir sur ses craintes et désirs. Ainsi l'homme ruiné ne regrettera pas sa fortune, pas plus que la belle femme ne se lamentera de voir s'évanouir sa jeunesse. Plus encore, une éducation digne de ce nom enseigne à s'approprier ce qui semble étranger. Car tant que le destin s'impose à nos désirs comme un phénomène extérieur, nous ne pouvons que le subir. Mais si nous parvenons à diriger notre volonté dans le sens des événements, tout se

2. Les Belles Lettres, 1975, Livre I, chap. 12, p. 51.

passera comme si nous les avions choisis, et nous les accompagnerons plus que nous ne nous y soumettrons.

L'enjeu est de taille. Si le philosophe parvient à forger chez ses disciples cette adhésion fondamentale au destin, il fera d'eux des êtres invulnérables aux coups du sort et capables d'atteindre l'« *ataraxie* », cette quiétude bienheureuse d'une âme devenue impassible.

> *Fin connaisseur des Anciens, Montaigne se reconnaît dans la pensée stoïcienne pour laquelle la seule chose qui soit en notre pouvoir est notre volonté :*
>
> *« La vraie liberté, c'est de pouvoir toute chose sur soi. »*

« L'homme est né libre et partout il est dans les fers. »

Jean-Jacques Rousseau, Du contrat social [3]

Terrible constat que cette formule inaugurale du *Contrat social* (1762) : si la liberté est un droit naturel et inaliénable, la réalité donne pourtant à voir les hommes pris dans les fers de la servitude. Qu'il s'agisse de l'esclavage, en pleine expansion au XVIIIe siècle, ou des systèmes politiques assis sur la domination de la force, l'asservissement semble être la loi de la condition humaine.

Toutefois, Rousseau ne se contente pas de dénoncer cette injustice et la précision de sa formulation, d'une redoutable lucidité, invite à décrypter le mécanisme de la sujétion. En effet, on s'attend à lire que « l'homme est né libre *mais* partout il est dans les fers », tant la liberté et l'esclavage se contredisent. Or, l'auteur choisit d'écrire « *et* », insis-

3. Garnier-Flammarion, 2001, Livre I, chap. 1, p. 46.

tant sur la continuité logique entre ces deux états. Car si les hommes sont tous également libres, sans frein à leurs appétits, ils entrent naturellement en conflit, dont l'issue est décidée par la victoire du plus fort. La soumission des plus faibles est alors inéluctable, et les hommes sont finalement esclaves les uns des autres. C'est donc le désordre introduit par l'indépendance absolue qui aboutit à l'esclavage tant décrié : trop de liberté tue la liberté...

L'œuvre de Rousseau est traversée par le souci de défendre cette liberté en laquelle il voit la plus haute valeur humaine. Dans ce but, il n'invite pas au refus de toute forme d'autorité, mais fait à l'inverse sentir l'exigence de l'institution d'un État capable de protéger les droits de chacun.

> *Les révolutionnaires de 1789 se sont largement inspirés de l'œuvre de Rousseau, comme en témoigne l'article premier de la Déclaration des droits de l'homme et du citoyen :*
>
> *« Les hommes naissent et demeurent libres et égaux en droits. »*

« Si l'on a conçu des hommes libres, c'est afin qu'ils puissent devenir coupables. »

Friedrich Nietzsche, Crépuscule des idoles [4]

Dans l'un de ses derniers ouvrages, *Crépuscule des idoles* (1888), le philosophe allemand condense sa critique de la culture occidentale en tentant de ruiner son principe : l'idée de liberté. Celle-ci n'est-elle pas la première des idoles, la terrible fiction grâce à laquelle la morale a pu étendre son pouvoir sur les hommes ?

4. Gallimard, 1974, Les quatre grandes erreurs, § 7, p. 44.

En effet, supposer le libre arbitre, ou pouvoir absolu de choisir, engage une théorie de la responsabilité et permet d'introduire les valeurs de mérite et de culpabilité. Or, selon Nietzsche, la liberté est une illusion, parce que l'être humain, comme n'importe quel animal, est soumis au déterminisme, notamment celui de ses pulsions qu'il ne peut maîtriser. Dès lors, il ne peut que se trouver en défaut, c'est-à-dire coupable, vis-à-vis de la morale qui lui prescrit la modération et la bienveillance ! Tel est bien le destin de l'homme au sein de notre culture : injustement accusé de ce qu'il est au nom de ce qu'il devrait être, idéal inaccessible.

Mais à qui profite le crime ? Surtout aux prêtres et autres dispensateurs de morale qui, grâce à l'entretien de cette croyance, s'arrogent le droit de juger et de punir en distillant le fiel de la mauvaise conscience. L'invention du « sujet libre » est donc le pivot d'une stratégie de culpabilisation permanente par laquelle l'homme est exposé aux inévitables châtiments des directeurs de conscience. C'est pourquoi Nietzsche nous invite à nous délivrer de ces chimères, afin de retrouver notre « innocence » originelle.

> *La « liberté » fait rêver et mobilise les foules, pourtant savons-nous réellement ce qu'il faut entendre par ce terme ? Paul Valéry nous met en garde :*
>
> *« La liberté est un mot qui chante plus qu'il ne parle. »*

« Il n'y a point de liberté sans lois. »

Jean-Jacques Rousseau, Lettres écrites de la montagne [5]

Pour comprendre que la loi fonde la liberté, il faut d'abord se défaire de l'idée que celle-ci se réduit à l'absence de contraintes. Cette liberté là, propre à celui qui n'agit qu'en fonction de ses désirs, n'admet aucun obstacle car toute loi lui paraît oppressive. Mais si le principe de la loi semble restrictif, n'est-ce pas parce qu'on l'envisage de l'extérieur, au regard de ce qu'elle interdit, et non de l'intérieur, pour ce qu'elle autorise ?

En effet, ce qui menace la liberté est moins la loi que la liberté d'autrui. Si chacun peut faire ce qui lui plaît, il déplaît forcément aux autres car rien ne lui interdit de leur imposer ses désirs. D'où la nécessité de lois qui définissent des limites, et par là même l'espace dans lequel la liberté de chacun peut s'épanouir. Protégeant les droits par les devoirs de chacun, la loi est bien en ce sens la condition de la liberté.

Ce principe vaut évidemment en politique, où l'État de droit garantit les libertés. Mais il prend toute son ampleur dans le domaine moral, où la seule loi légitime est pour Rousseau celle que l'on se donne à soi-même. Dans le premier cas, l'autorité politique empêche l'individu d'empiéter sur les droits d'autrui, en recourant à la contrainte s'il le faut ; dans le second, c'est la volonté qui s'exerce elle-même à réprimer ses motivations égoïstes en vue de respecter autrui. La liberté s'incarne donc par excellence dans l'autonomie de la volonté qui s'oblige à faire le bien.

5. in Œuvres complètes, Gallimard, 1964, vol. III, Huitième lettre, p. 841.

Il ne s'agit pas seulement de liberté individuelle. Si les lois sont l'expression de la volonté collective, le peuple, en obéissant aux lois, n'obéit en fait qu'à lui-même. Rousseau peut donc étendre le concept de liberté à un peuple tout entier :

« Un peuple libre obéit, mais il ne sert pas ; il a des chefs et non pas des maîtres ; il obéit aux Lois, mais il n'obéit qu'aux Lois. »

« L'homme est condamné à être libre. »

Jean-Paul Sartre, L'Existentialisme est un humanisme [6]

Drôle d'idée que d'associer la liberté à une condamnation. Si être libre consiste à pouvoir agir par sa seule volonté, comment peut-on y être contraint ? Par ce paradoxe, Sartre révèle l'étrange statut d'une liberté que nous n'avons ni voulue, ni décidée et qui pourtant nous contraint à choisir.

Pour le penseur existentialiste, l'existence est une suite de choix qui dessinent notre être. Ainsi le soldat ne naît ni lâche ni héros ; il le deviendra sur le champ de bataille au moment où il lui faudra se battre. Cette responsabilité absolue vis-à-vis de soi ôte, par avance, toute exonération, et pèse comme une lourde charge : refuser de choisir, ce serait encore choisir. Il n'est donc pas surprenant que la conscience d'une telle liberté s'éprouve comme angoisse devant l'avenir et ses possibilités. Certes, le discours de la mauvaise foi apaise nos craintes : en accusant le destin, les autres ou encore la nature humaine, nous espérons nous disculper pour nous dérober à nos responsabilités. Mais, aux yeux de Sartre, dans un monde sans dieu ni valeurs absolues

6. Nagel, 1985, p. 38.

auxquelles se raccrocher, l'homme est sans excuses : il doit assumer chacun de ses actes et même la totalité de l'Histoire.

Écrite en 1945, cette formule revendique avec force l'exigence de la responsabilité face à une France avide d'effacer les sombres heures de la Collaboration. Le titre de l'ouvrage, *L'Existentialisme est un humanisme*, indique néanmoins qu'il n'y a là nul pessimisme quant à la condition humaine, mais à l'inverse un immense espoir : l'homme est l'avenir de l'homme et, par ses actes, il décide de ce que sera l'humanité.

> *La liberté prend sens et s'aiguise face aux obstacles. Nous sommes d'autant plus libres que nous devons nous battre pour l'affirmer et faire des choix qui nous engagent tout entiers. C'est pourquoi, d'après Sartre :*
>
> *« Jamais nous n'avons été plus libres que sous l'occupation allemande. »*

Pour prolonger la réflexion...

Aron R., *Essai sur les libertés*, Pluriel, 1998.
Diderot D., *Jacques le fataliste et son maître*, Livre de Poche, 2000.
Gide A., *Les Caves du Vatican*, Gallimard, 1972.
Mill J.S., *De la liberté*, Gallimard, 1990.
Rousseau, J.-J., *Du contrat social*, Garnier-Flammarion, 2001.
Sartre J.-P., *Huis clos*, Gallimard, 1983.

Bibliographie générale

Baraquin N., Baudart A., Dugué J., Laffitte J., Ribes F. et Wilfert J., *Dictionnaire de philosophie*, Armand Colin, 2000.

Besnier J.-M., *Histoire de la philosophie moderne et contemporaine*, Grasset, 1993.

Caillé A., Lazzeri C. et Senellart M., *Histoire raisonnée de la philosophie morale et politique*, La Découverte, 2001.

Hadot P., *Qu'est-ce que la philosophie antique ?*, Gallimard, 1995.

Hersh J., *L'Étonnement philosophique*, Gallimard, 1993.

Kambouchner D. (dir.), *Notions philosophiques* (3 vol.), Gallimard, 1995.

Nagel T., *Qu'est-ce que tout cela veut dire ? Une très brève introduction à la philosophie*, L'Éclat, 1987.

Onfray M., *Antimanuel de philosophie*, Bréal, 2000.

Index des philosophes

Table des matières